공동체 세우기

공동체 세우기

ⓒ 송두호, 홍삼열, 홍승지, 2023

초판 1쇄 발행 2023년 9월 10일

편저	송두호, 홍삼열, 홍승지
펴낸이	이기봉
편집	좋은땅 편집팀
펴낸곳	도서출판 좋은땅
주소	서울특별시 마포구 양화로12길 26 지월드빌딩 (서교동 395-7)
전화	02)374-8616~7
팩스	02)374-8614
이메일	gworldbook@naver.com
홈페이지	www.g-world.co.kr

ISBN   979-11-388-2312-8 (93180)

공동체의 변화와 성장을 위한 3세대 코칭

공동체 세우기

송두호, 홍삼열, 홍승지 편저

좋은땅

목차

M1 환영합니다

   1. 자기소개 · · · 10

   2. 기대사항 나누기 · · · 11

   3. 오늘의 약속 : 효과적인 학습을 위해 함께 지킬 약속 · · · 11

   4. 공동체의 이해 · · · 11

M2 이론적 배경

   1. 시스템 사고(Systems thinking) · · · 14

   2. 공동체 세우기의 이슈들 · · · 21

   3. 공동체의 사이클 · · · 25

   4. 공동체 세우기의 학습목표 · · · 28

   5. Module 정리 · · · 29

M3 공동체 세우기의 원리

   1. 서열(Order) · · · 32

   2. 자리(Position) · · · 34

   3. 균형(Balance) · · · 35

   4. Module 정리 · · · 36

M4 공동체 세우기 매핑

   1. 대리인과 대리물 · · · 40

   2. 있는 그대로 · · · 42

   3. 코치의 개입 · · · 43

   4. 진행순서 · · · 44

   5. Module 정리 · · · 45

M5 공동체 세우기의 적용

1. 대리물을 활용하는 일대일 코칭 … 48
2. 대리물을 활용하는 셀프 코칭 … 55
3. 양손을 대리인으로 활용하는 코칭 … 58
4. 사람을 대리인으로 하는 그룹 코칭 … 61
5. 공동체 세우기 팀 코칭 … 64
6. 문제해결을 위한 공동체 세우기 코칭 … 67
7. 공동체 세우기 수퍼비전 코칭 … 72
8. Module 정리 … 74

M6 델레 코칭 클래스

1. 1차 … 78
2. 2차 … 79
3. Module 정리 … 80

부록(Appendix)

관찰자 노트 … 84
코칭 노트 … 86
코칭 일지 … 88
수료식 … 90
강의평가 설문 … 91
코치 인증 절차 … 92
(사)한국코치협회 윤리규정 … 93
(사)한국코치협회 코칭역량 … 98
과정 정리 … 104

교육 시간표

제1일	제2일	텔레 코칭 클래스
M1. 환영합니다 • 자기소개 • 기대사항 나누기 • 오늘의 약속 • 공동체의 이해 **M2. 이론적 배경** • 시스템 사고(Systems thinking) • 공동체 세우기의 이슈들 • 공동체의 사이클 • 공동체 세우기의 학습목표 • Module 정리	**M5-1. 공동체 세우기의 적용** • 대리물을 활용하는 일대일 코칭 • 대리물을 활용하는 셀프 코칭 • 양손을 대리인으로 활용하는 코칭 • 사람을 대리인으로 하는 그룹 코칭	**M6. 텔레 코칭 클래스** • 1차 • 2차 • Module 정리
M3. 공동체 세우기의 원리 • 서열(Order) • 자리(Position) • 균형(Balance) • Module 정리 **M4. 공동체 세우기 매핑** • 대리인과 대리물 • 있는 그대로 • 코치의 개입 • 진행순서 • Module 정리	**M5-2. 공동체 세우기의 적용** • 공동체 세우기 팀 코칭 • 문제해결을 위한 공동체 세우기 코칭 • 공동체 세우기 수퍼비전 코칭 • Module 정리	

공동체 세우기

환영합니다

학습목표

마음을 열고 학습할 자세를 갖출 수 있다.
과정 참여에 대한 기대사항을 정리할 수 있다.
과정에 참여하면서 지킬 약속을 공유할 수 있다.

M1 환영합니다

1. 자기소개(활동 - 20′)

1) 아래의 그림을 A3용지에 인쇄하여 테이블별로 한 장씩 활용한다.
2) 아래와 같이 진행한다.
 (1) Where : 아래의 그림에서 자신의 인생 전체를 생각해 볼 때 어느 위치에 있는지 서열, 자리, 균형, 관계 등을 고려해서 생각해 본다.
 (2) Why : 그 자리에 선 이유나 가치가 무엇인지 메모한다.
 (3) How : 앞으로 코칭을 통해 어떤 삶을 계획할 것인지 각자 1분씩 조원들에게 설명한다.

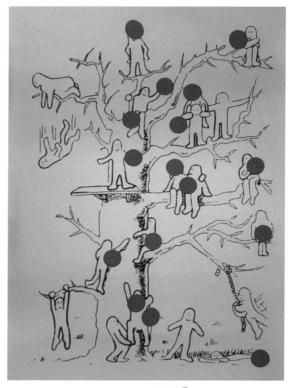

Blob Tree 결과물[1]

---

1) Pip Wilson & Ian Long, 『The big book of BLOB TREE』, Routledge, 2009.

2. 기대사항 나누기(활동 - 20')

1) 어떤 기대를 가지고 공동체 세우기 과정에 참여하게 되었는가?
2) 접착메모지 한 장에 한 가지씩 각자 2~3가지 기대사항을 기록한다.
3) 둘씩 짝지어 나눈다.

3. 오늘의 약속 : 효과적인 학습을 위해 함께 지킬 약속(활동 - 10')

○ 비판하지 않는다.
○ 서로에게 배우는 자세로 임한다.
○
○
○

4. 공동체의 이해

1) 공동체(community)의 요소
　(1) 공동의 공간
　(2) 상호작용(communication)
　(3) 공동의 연대
2) 시스템으로서의 공동체
　눈이 몸에게 이야기합니다. "우리 이 철로 위로 걸어갑시다. 아무것도 없어요. 기차는 한 대도 보이지 않습니다." 그래서 철로 위를 걷기 시작합니다. 그러자 귀가 몸에게 이야기합니다. "반대편 방향에서 기적 소리가 들리는데요." 눈이 또다시 말합니다. "그러나 내가 보기에는 철로 위에 아무것도 없어요. 계속해서 걸어갑시다." 그래서 몸은 눈의 얘기만 듣고 계속해서 걸어갑니다. 잠시 후 귀가 다시 말합니다. "기적 소리가 점점 커지면서 가까워지고 있어요." 그때 다리도 말합니다. "나도 기차가 덜 컹거리며 오고 있는 것을 느낄 수 있어요. 우리 몸을 철로 바깥으로 내려보냅시다."

- 헨리 블랙가비

이론적 배경

VUCA 세계와 시스템 사고를 이해할 수 있다.

공동체 세우기의 보이는 이슈와 보이지 않는 이슈를 알 수 있다.

공동체시스템의 사이클을 이해할 수 있다.

M2 이론적 배경

1. 시스템 사고(Systems thinking)

1) 시스템
 (1) 서로를 의지하고 서로를 제한하며 서로에게 영향을 주는 요소들로 구성된 하나의 총체다.
 (2) 몸은 서로 다른 기관과 부위로 구성되어 독립적으로 기능을 발휘하면서도 서로에게 영향을 준다.
 (3) 예를 들면 혈액이 잘 순환되지 않으면 눈이 보이지 않고 다리도 움직일 수 없다. 다리의 움직임은 혈액을 심장으로 다시 펌프질한다.
 (4) 모든 만물은 개별적으로 존재할 수 없다. 서로가 서로를 존재하게 만들어 주고 서로를 규정하기에 세상에 시스템 아닌 것은 없다. 시스템 사고는 한 마디로 모든 현상을 '있는 그대로 보자'는 것이다.[2]

2) VUCA 세계[3]
 (1) 변동성(Volatility)의 상황은 '비전(Vision)'을 통해 대응한다.
 (2) 불확실성(Uncertainty)은 공동체와 고객에 대한 '이해도를 높임으로써 대응(Understanding)'한다.
 (3) 복잡성(Complexity)은 방향만 '명확(Clarity)'하게 하고 자기조직화할 수 있도록 위임함으로써 대응한다.
 (4) 모호성(Ambiguity)은 민첩하게(Agility) 실패를 반복하면서 답을 찾아감으로써 대응한다.

변동성 - Volatility - Vision
불확실성 - Uncertainty - Understand
복잡성 - Complexity - Clarity
모호성 - Ambiguity - Agility

---

2) 김상욱, 『시스템사고와 창의』, 충북대학교 출판부, 2018.
3) Bob Johansen, "The New Leadership Literacies", Berrett-Koehler Publishers(PDF).

3) 복잡계와 상호작용[4]

　(1) 불확실성 시대에서는 기존의 지도를 따라가기보다는 새로운 지도를 창발적으로
　　　만들어 가야 한다.

　(2) 복잡계란 복잡한 시스템이라도 단순한 규칙에 의해 움직인다는 것이다.

　(3) 단순성은 요소로 나눠질 수 있는 반면 복잡성은 요소로 나눠서 해결될 수 없는
　　　것이다.

　(4) 사람도 공동체도 시스템이고 복잡계이다.

　(5) 공동체는 단순한 구성요소들의 집합이 아니라 상호작용에 의해 자생적으로 질
　　　서가 창출된다.

　(6) 아래 그림에서 시스템에 해당되는 것들을 찾아본다.

출처 : DALL-E

---

4)　최창현,『복잡계로 바라본 조직관리』, 삼성경제연구소, 2005.

4) 인과관계와 상관관계[5]

   (1) 이상한 나라의 임금님은 범죄가 많이 일어난 날 아이스크림이 많이 판매되었다
는 통계를 근거로 아이스크림 판매를 중단하라고 명령을 내렸다. 이것은 인과관
계인가, 상관관계인가?

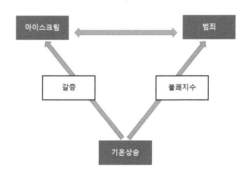

   (2) 성형수술을 받는 사람이 증가하는 것은 외모를 중시하는 풍토 때문일까, 수입이
증가했기 때문일까?

   (3) 노르웨이의 뇌조라는 새가 멸종의 위험에 처하여 천적인 매를 제거하였다. 실제
원인은 기생충의 감염이었는데 이는 비행속도를 늦추어 쉽게 매의 먹이가 된다.
매는 감염된 뇌조를 먹어 버림으로 전염을 막아 준다.

   (4) 전체는 그 구성요소들의 부분의 합보다 크다. 저금이 선형적 인과관계라면 주식
은 비선형적 인과관계이다.

---

5)   김동환, 『시스템 사고』, 선학사, 2004.

5) 활동(30')

(1) 6명이 한 조가 된다.

(2) 모조전지를 테이블에 펼쳐 놓는다.

(3) 각자 접착메모지에 공동체 관련 코칭주제나 목표를 하나씩 기록한다.

(4) 모조전지 중앙에 서로 약간의 거리를 두고 한 줄로 붙인다.

(5) 함께 논의하며 원인이나 결과가 되는 내용을 접착메모지에 기록하여 모조전지 빈 곳에 부착한다.

(6) 화살표의 머리 방향은 결과가 되고, 꼬리 방향은 원인이 되도록 화살표로 연결한다.

(7) 이미 붙인 아이디어 사이에 인과관계가 성립되면 여러 개의 결과가 나타날 수 있고, 여러 개의 원인에서 하나의 결과로 집중될 수 있도록 중복해서 연결할 수 있다.

(8) 아이디어 사이에 순환구조를 가질 수 있는 것을 찾아본다.

(9) 아이디어 사이의 연결이 프로세스가 되지 않도록 유의한다.

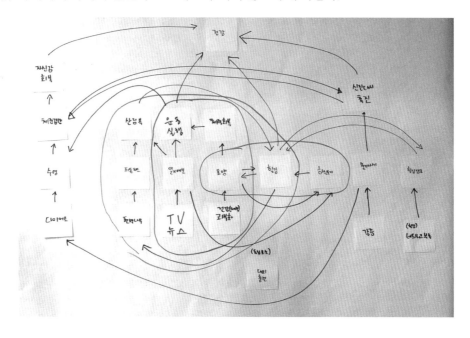

6) 자기조직화의 힘으로 작동하는 웨이브 리더십[6]

　(1) 심전도 결과에서 직선은 죽은 상태를 의미하듯이 모든 시스템의 웨이브는 살아 있다는 증거이다.

　(2) 모든 개인과 공동체시스템에서 자기조직화가 이루어지는 것은 모든 생명과 우주 전체의 근본적인 과정이다.

　(3) 공동체시스템은 필수적인 사전 조건만 유지되면 자연스럽게 고성과를 향해 움직인다.

　(4) 자기조직화를 하지 않는 개인과 공동체시스템은 없다.

　(5) 복잡계에 적응하는 모든 시스템은 내부적인 상황이나 외부적인 환경과 상호작용하면서 더 좋은 방법을 모색해 나가는 과정에서 자연스럽게 향상된다.

　(6) 웨이브 리더에게 계획은 지도일 뿐 영토가 아니다.

　(7) 자녀를 양육하는 어머니는 많은 일을 하면서도 거친 세파를 헤쳐 나간다.

　(8) 웨이브 리더는 파도와 함께 흐름을 타며 기회를 포착한다.

　(9) 명령 대신 초대하면서 하나의 원 안에 존재하는 공동체시스템의 일원으로 받아들이며 잠재력을 성취하도록 돕는다.

---

6) 해리슨 오웬, 한국오픈스페이스연구소 역, 『셀프 오거나이징』, 용오름, 2010.

7) 피드백과 지연시간[7]

  (1) 피드백은 강화(긍정) 피드백과 균형 피드백으로 구분된다.

  (2) 시스템 사고에서의 피드백은 개인 코칭에서의 긍정 피드백, 부정 피드백 등보다 훨씬 넓은 개념이다.

  (3) 피그말리온 효과와 같이 특정 학생을 교사가 긍정적으로 평가하면 '강화 피드백'의 작용으로 무의식중에 학생의 자존감이 높아져 성적이 향상된다.

  (4) 수도꼭지를 틀어 컵에 물을 채우다가 목표량에 가까워졌을 때 수도꼭지를 조금씩 잠가 물이 조금씩 나오게 하다가 컵이 다 채워지면 완전히 잠그는데 이것은 '균형 피드백'의 작용이다.

  (5) 코치는 적극적 경청을 위해 수련자가 되어 계속 학습하고 성찰하지만 지연시간에 의해 실력은 천천히 향상되다가 어느 순간 임계점에 이르렀을 때 많은 변화가 감지된다.

  (6) 모든 피드백에는 행동 결과에 대한 속도를 늦추도록 흐름을 방해하는 지연(delay)이 포함된다.

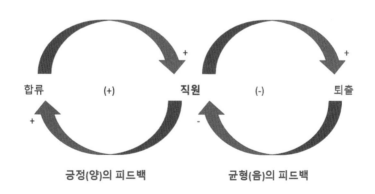

긍정(양)의 피드백   **균형(음)의 피드백**

---

7)   Peter M. Senge, 강혜정 역, 『학습하는 조직』 에이지21, 2014.

8) 활동(30')

   (1) 전체 인원(10~20인)이 크게 원을 그려서 앉는다.

   (2) 2~3명 정도 A4용지에 함께 모색하고자 하는 주제를 질문 한 문장으로 기록한다.

   (3) 벽에 주제별로 거리를 두고 부착한다.

   (4) A4용지에 기록한 주제가 부착된 모조전지를 한 장씩 부착한다.

   (5) 주제를 기록한 사람은 자신의 주제가 부착된 곳에서 기다린다.

   (6) 전원이 일어나 각각의 주제가 부착된 곳을 쇼핑하듯이 둘러본다.

   (7) 가장 마음에 와닿는 곳에 참여한다.

   (8) 주제별로 모인 사람들이 한 팀이 되어 부착된 주제에 대해 질문하고 논의하면서 접착메모지에 질문에 대한 대답을 기록하여 모조전지에 붙인다.

   (9) 다양한 아이디어들을 다음과 같이 정리하고 요약한다.

     - 비슷한 대답과 아이디어들끼리 모아 그룹을 만든다.

     - 각 그룹별 소제목을 문장으로 적어 본다.

     - 소제목들을 접속사를 연결하여 A4용지에 한 문장으로 정리하여 기록한다.

   (10) 조별로 정리한 A4용지를 한곳에 모아 부착하고 그곳에 모여 발표하고 논의한다.

2015년 오픈스페이스 진행 장면

2. 공동체 세우기의 이슈들[8]

공동체 세우기는 보이는 이슈에만 집중하지 않는다.

1) 보이는 이슈
   (1) 사람 : 일대일 코칭, 일대이 코칭, 일대다 코칭 등 코칭의 장에서 인맥과 역할 분담 등 사람이 이슈가 되는 것은 당연하며, 사람 자신도 시스템이고 복잡계다. 이슈를 가진 고객은 이슈라는 이름의 대리인이 장(field)에 배치된다. 장은 시스템의 맥락이고 환경이다.
   (2) 사물 : 공동체 세우기의 구성요소에는 공동체, 협력단체, 서비스 등 사물이 구성요소가 될 뿐 아니라 사물을 도구로 사용하기도 한다.
   (3) 자원 : 공동체 세우기는 고객이 시스템상에서 개인적이거나 직업적인 자원을 찾을 수 있도록 지원한다. 고객이 자원을 쉽게 떠올리지 못할 경우 시스템 매핑을 통해 공동체시스템에서 활용 가능한 자원으로 다음의 보이지 않는 이슈를 통찰할 수 있다.

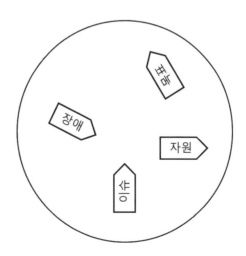

---

8) 존 휘팅턴, 가향순·문현숙·임정희·홍삼열·홍승지 역, 『시스템코칭과 컨스텔레이션』, 한국코칭수퍼비전아카데미, 2022.

2) 보이지 않는 이슈

(1) 개인과 공동체의 양심과 빚진 마음 : 양심은 변하지 않는가? 개인은 가정의 문화에서 영향을 받아 세상을 이해하는 기준이 정해지고, 학교나 직장에서 자신의 가정의 문화와 다른 문화를 접하면서 도전을 받고 그 기준은 재구성된다. 컴퓨터의 운영체제를 예로 들어보자. Windows, Android, IOS, UNIX, LINUX 등 다양한 운영체제가 있다. 해당 운영체제가 이해하는 언어가 아니면 소통이 이루어질 수 없고, 따라서 바라는 결과도 도출될 수 없다. 공동체에도 문화가 있고 그 문화에 따른 양심이 무의식적으로 작동한다. 양심은 도전을 받을 때마다 빚진 마음을 느끼게 된다. 개인적인 관계에서뿐 아니라 공동체에서도 마찬가지다.

(2) 불문율 : 공동체의 양심은 일종의 무언의 규칙인 불문율이다. 공동체에 소속되고 동화되지 않으면 그 공동체의 양심인 불문율에 의해 빚진 마음으로 눌리게 되어 자연스럽게 동화되고 그것이 세상을 이해하는 기준이 된다. 이방인으로 남아 동화되지 못하면 결국 그 공동체에서 밀려나기 쉽다.

(3) 숨겨진 역동성(dynamics) : 보이지 않는 내면의 힘, 보이지 않는 다이내믹은 눈에 보이는 행동으로 나타난다. 장(field)에서 펼쳐지는 공동체 세우기를 통해 숨겨진 역동성을 비추는 것만으로도 리더십의 흐름이나 성공을 촉진하거나 방해하는 요인들을 통찰할 수 있다. 방해하는 요인의 경우 공동체의 구성원이 공정하지 않다고 여기지만 전체 분위기 속에서 개선을 요구하지 못하고 다른 방식으로 나타나는 저항력 같은 요소들이다. 저항의식이 높고 공동체 안에서 동화되지 못하는 고객을 코칭할 때 숨겨진 역동성을 통찰하면 고객과의 연결이 순조롭고 코칭의 성과가 꾸준히 나타날 것이다.

(4) 숨겨진 신의(loyalties) : 공동체시스템의 리더십의 흐름을 존중하고 신뢰하며 그 흐름에 맞게 자신을 조절하면서 살아가는 충성심이다. 공동체시스템의 양심에 따른 기준에 의한 행동으로 나타난다. 공동체가 갖고 있는 양심이 개인의 양심과 다른 가치관이 있더라도 공동체가 살아야 자신도 살기 때문에 맞춰 가는 경우도 포함된다. 물론 그럴 경우에는 우물 안 개구리처럼 시야나 행동 범위가 좁아져 유연함과 성장에 제한을 받을 수 있다.

(5) 숨겨진 얽힘(entanglement)[9] : 가족이나 공동체의 구성원 중에서 자신의 책임을 포기했거나 지지 않는 사람에 의해 발생하며, 주로 트라우마나 해결되지 않은 감정과 태도를 대신하여 엉킨 것이 자신의 삶으로 체화된 것이다. 숨겨진 신의와 연관된 것으로 공동체시스템의 결정들이 옳다고 생각하여 행했지만 나중에 보면 불공정한 일이었음을 알게 되었을 때도 발생한다. 공동체에 소속되면 구성원들과의 관계나 리더십의 흐름 그리고 과업과 관련하여 정렬되지 못한 채 연루되고 꼬이고 얽히게 된다. 공동체 세우기에서 어떤 얽힘이 있는지에 대한 통찰은 코칭할 때 매우 중요한 부분이라고 할 수 있다.

(6) 행동 패턴 : 시스템으로서의 개인이나 공동체는 고유한 문화나 사고방식 그리고 감정 등의 영향으로 형성된 일정한 패턴을 가지고 있다. 개인고객의 패턴은 신념, 가치관, 정체성, 자신의 강점이나 약점, 사회문화적인 영향과 관련이 있다. 공동체 역시 고유한 문화나 리더십에 의해 쌓인 경험과 관계 등의 영향을 받아 형성된다. 충성한 결과가 지지와 격려로 보상받기보다는 미흡한 부분에 대한 지적과 문책을 많이 받는 분위기라면 많은 사람들이 복지부동의 패턴을 가지게 될 것이다. 패턴은 공동체 세우기의 장(field)에서 읽어 낼 수 있다. 패턴은 브로콜리, 마트료시카 러시아 인형, 시어핀스키 삼각형 등 프랙탈(fractal)에 비유할 수 있다.

9)　Indra Torsten Preiss, 오규영 역, 『가족과 관계의 얽힘을 풀어내는 가족 세우기』, 학지사, 2016.

3) 실습(30')

　(1) 2명씩 짝을 지어 한 사람은 코치가 되고 한 사람은 고객이 된다.

　(2) 코치는 고객이 속해 있던 공동체의 이슈를 떠올리게 하며 코칭 주제를 묻는다.

　(3) 코칭 주제를 연결하여 아래 그림을 보고 구성요소 사이의 거리와 바라보고 있는 방향 등을 고려해 개인과 공동체의 양심, 불문율, 숨겨진 역동성, 숨겨진 신의, 숨겨진 얽힘, 행동 패턴 등 보이지 않는 이슈들을 질문한 후 통찰한 것을 나눈다. "어떤 상황인가요?"

　(4) 정리된 이슈들을 각 조별로 전체에 간단하게 공유한다.

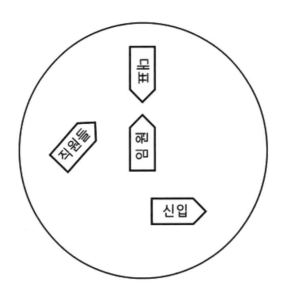

3. 공동체의 사이클

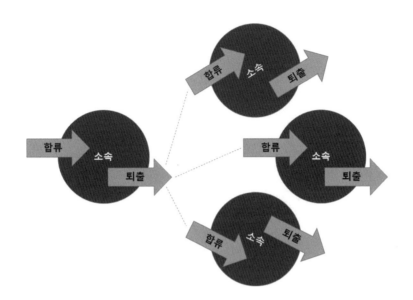

1) 합류

  (1) 한 가정에 아기가 탄생하는 데서부터 합류는 시작된다. 기존의 가족들과 합류하게 되는 것이다. 백지 같은 아이는 가정에서의 양심과 규칙에 맞춰 살아가며 숨겨진 역동성, 불문율, 신의, 얽힘, 행동 패턴, 문화를 몸에 체화하며 한 가족으로 살아간다.

  (2) 성장하여 학교에 입학하면 다시 새로운 시스템에 합류하여 새로운 문화, 신의, 불문율, 역동성, 행동 패턴을 융합하며 살아간다. 상급학교를 진학하며 같은 과정을 되풀이한다.

  (3) 공동체에 가입하는 것도 마찬가지다.

  (4) 성인이 되면 직장이라는 새로운 공동체에 합류하게 된다.

2) 소속

(1) 매슬로우는 인간의 욕구 중 세 번째 욕구로 소속의 욕구, 즉 사랑받고 인정받고
싶은 욕구를 제시했다.

(2) 공동체시스템에 합류할 때마다 다른 양심, 신의, 불문율, 역동성, 행동 패턴 등을
익힌다. 이전 시스템에서의 양심이나 불문율 등이 달라질 때 이를 받아들여야
소속이 되었다고 할 수 있다.

(3) 공동체시스템은 자신을 지키기 위하여 고유의 양심과 불문율, 행동 패턴 등을 지
켜 나간다. 공동체시스템에 합류하여 소속된 리더의 경우 이전 시스템을 무시하
고 자신의 양심에 따라 자신의 구상을 세팅하려고 할 때 기존의 공동체시스템은
자신을 스스로 보호하기 위해 리더라도 배제할 수 있기 때문에 어려움을 겪게 되
는 경우가 많다.

3) 퇴출

(1) 새롭게 소속된 공동체시스템의 원칙을 거부하고 무시하면 배제되어 해당 공동
체시스템을 떠나야 하는 문제가 생긴다. 그렇게 떠나는 것이 불문율이나 문화로
쌓이게 될 때 새로운 사람들이 그 자리를 대신하여 들어와도 최선을 다할 수 없
게 된다.

(2) 이 시스템을 떠난 사람은 다른 시스템에 합류하게 되는데 이전 공동체에서 밀려
난 사람은 다른 시스템에 합류하면서 자신의 행동 패턴을 끌고 들어가 그 영향
력은 반복되고 확장된다. 따라서 떠나는 방식에 주의를 기울이는 것은 개인이나
공동체시스템에 있어서 매우 중요한 일이 아닐 수 없다.

(3) 소속되었던 시스템을 떠날 때는 그 시스템에서 저장한 양심, 불문율, 신의 등의
보이지 않는 경계에 대해서도 사랑과 감사를 표하고 떠나는 것이 앞으로의 삶을
위하여 바람직하다.

4) 활동(20')

   (1) 모조전지를 테이블에 편다.

   (2) 2명씩 짝을 지어 1분씩 자신의 경험을 나눈다.

   (3) 각자 자신의 앞자리에 공동체의 사이클과 관련한 자신의 경험을 그림으로 표현해 본다.

   (4) 말풍선도 달아 본다.

   (5) 소그룹 내에서 돌아가며 자신의 그림을 1분씩 설명한다.

   (6) 발표자를 정한다.

   (7) 발표자는 전체 앞에서 소그룹에서 나눈 사례를 공유한다.

4. 공동체 세우기의 학습목표

1) VUCA 세계에서 필요한 시스템 사고를 이해할 수 있으며, 공동체 세우기의 보이는 이슈와 보이지 않는 이슈, 공동체의 사이클을 이해할 수 있다.

2) 공동체 세우기에서 시간의 순서에 따른 서열의 중요성, 자리의 중요성, 주고받는 균형의 중요성을 인식할 수 있다.

3) 대리인과 대리물을 통해 장(field) 내에서의 느낀 감각(felt sense)을 경청하며 통찰할 수 있다.

4) 성찰 중심의 제3세대 공동체 세우기를 활용하여 고객의 성찰과 성장을 도울 수 있다.

5. Module 정리

배운 점	
느낀 점	
실천할 점	

공동체 세우기의 원리

학습목표

공동체 세우기의 순서인 서열의 중요성을 인식할 수 있다.

공동체 세우기에서의 자리의 중요성을 인식할 수 있다.

공동체 세우기에서의 균형의 중요성을 인식할 수 있다.

M3 공동체 세우기의 원리

공동체 세우기의 원리는 서열(Order), 자리(Position), 균형(Balance) 등이다. 이것은 개인이든 공동체이든 생명체의 원리에 의해서 무의식 속에 내재된 것이다.

1. 서열(Order)[10]

1) 의미
  (1) 자연의 질서에는 분명한 순서가 있다. 나무는 뿌리에서 시작하여 가지와 줄기가 뻗고 잎이 무성해지면서 꽃이 핀다.
  (2) 서열은 위아래 직급을 의미하는 것이 아니라 공동체시스템에 합류한 순서를 말한다.
  (3) 공동체시스템의 리더로 합류했지만 리더라고 해서 공동체시스템에 합류한 순서가 달라지는 것은 아니다. 서열상으로는 가장 나중에 합류한 것임에 틀림이 없다.
  (4) 그러므로 마지막 뒷자리에서 구성원들을 격려하며 리드하는 태도가 필요하다.

2) 창립자와 그의 멤버들
  (1) 이들이 서열에서 앞쪽에 존재한다.
  (2) 공동체시스템의 현재 상황이 어떠하든지 그들의 노력이 있었기에 오늘이 존재한다.
  (3) 그들의 패턴과 행동양식이 불문율과 숨겨진 신의로 남아 있다.

3) 이전의 리더
  (1) 공동체시스템을 성공적으로 이끌고 은퇴한 경우가 있다.
  (2) 이런 경우 당연히 공동체시스템의 양심과 불문율, 그리고 숨겨진 신의는 더욱 강하게 작동한다.
  (3) 공동체시스템에 문제가 있어 이전의 리더가 퇴출을 당한 경우라도 공동체시스템의 양심과 불문율, 그리고 숨겨진 신의는 여전히 존재한다.

---

10) 클라우스 혼 외, 폴라 역, 『조직세우기 - 회사의 무의식을 코칭한다』, 샨티, 2009.

4) 새로운 리더

  (1) 이전의 리더가 공동체시스템을 성공적으로 이끌고 은퇴한 경우에는 그 안에 흐르는 구성원들의 자신감이 훼손되지 않도록 공동체시스템의 양심과 불문율, 그리고 숨겨진 신의에 더욱 귀를 기울여야 한다.

  (2) 이전의 리더가 공동체시스템에 안착하지 못하고 떠나게 되었다고 해서 해당 공동체시스템을 비하하고 구성원들을 무시하며 리더 자신이 구상한 전략으로 개혁을 단행하려 한다면 일시적으로 그 효과가 나타날 수는 있으나 구성원들은 오히려 점점 자신감을 잃어 가고 일명 텃세라고 불리는 등 돌리기 현상이 나타나기 쉽다.

  (3) 따라서 리더는 공동체시스템에 합류하는 과정에서 자신의 불을 가지고 가는 것보다 부채를 가지고 가는 자세가 필요하다.

  (4) 서열은 공동체시스템의 창립멤버이거나 이전에 합류했던 사람들의 공로를 인정하는 것을 의미한다.

  (5) 기존의 구성원들의 노고가 있었기에 오늘이 존재하는 것이므로 그들의 경험을 경청하고 인정하면서 그들의 새로운 아이디어를 모두 반영할 때 리더로서의 혁신을 위한 노력도 인정받을 수 있다.

5) 활동(10')

  (1) 2명씩 짝을 짓는다.

  (2) 공동체시스템의 서열과 관련한 경험을 나눈다.

2. 자리(Position)

1) 소속의 권리
    (1) 건강하거나 병약하거나, 좋은 성격을 가졌거나 나쁜 성격을 가졌거나 상관없이 모두 가족이듯이 공동체의 모든 구성원은 평등하게 소속될 권리를 가지고 있다.
    (2) 모든 구성원은 자신의 책임을 갖는다. 구성원의 무책임한 행동에 대한 결과는 받아들여야 한다.
    (3) 모든 구성원들 간의 관계는 서로에게 도움이 되는 호혜성에 근거하며 이러한 질서가 무너질 때 갈등과 비극으로 나타날 수 있다.

2) 자신의 자리
    (1) 공동체시스템에 속해 있다는 것은 곧 그 안에서 살아남았다는 것을 의미한다.
    (2) 사람은 누구나 공동체시스템 안에서 자신의 자리를 확보해야 한다는 강한 열망이 있다.
    (3) 자신의 자리를 찾기 위해 공동체시스템의 양심에 신의를 갖게 되면 유대감과 안정감을 느낀다.

3) 퇴출석 증후군
    (1) 공동체시스템 안에서 존중받지 못한 채 시스템에서 배제되는 것이다.
    (2) 구성원들이 받아들일 수 없을 정도로 공동체시스템이 요구하는 것에서 너무 멀리 벗어났다면 공동체시스템의 불문율에 의해 제외된다.
    (3) 이런 경우 그 역할을 이어 가는 새로운 탑승자 또한 유사한 어려움을 겪기 쉽다.

4) 활동(10')
    (1) 2명씩 짝을 짓는다.
    (2) 공동체시스템의 자리와 관련한 경험과 사례를 나눈다.

3. 균형(Balance)

1) 균형과 양심
  (1) 책임보다 더 많은 보상이 주어지면 빚을 졌다는 느낌을 갖게 되고 양심의 가책을
      느낀다.
  (2) 건강한 공동체시스템을 위해 균형이 필요하다.
  (3) 공동체 안에서 구성원은 각각의 책임을 지지 않으면, 이후에 새로 합류하는 구성
      원 중 누군가가 그 회피한 책임에 대한 부담을 안게 된다.
  (4) 인간은 보다 상위의 가치를 중심으로 통합과 연결을 이루고자 하는 내면의 욕구
      를 통해 변화와 영적 통합을 추동한다.

2) 주는 것이 받는 것보다 낫다?
  (1) 주는 것을 받는 것보다 높은 가치로 간주하는 것을 미덕으로 삼는 공동체시스템
      에서는 균형을 잡는 일이 쉽지 않다.
  (2) 그러한 미덕에 동조하는 구성원의 경우 '주는 역할'로 인한 자원과 에너지의 고갈
      을 경험하기 쉽다.
  (3) 점차 그러한 미덕에 동조하지 않는 리더나 구성원의 수가 늘어나고 있다.
  (4) 특별한 이유 없이 선의를 경험하는 경우 숨겨진 요구사항에 대한 부담이나 염려
      를 느끼는 경우가 많아지고 있다.

3) 끌고 온 양심과 공동체시스템의 양심 사이의 균형
  (1) 때로는 공동체시스템의 양심을 따라 충성하며 살아가는 것이 끌고 온 양심과 상
      반되어 딜레마와 갈등을 유발할 수 있다.
  (2) 끌고 온 양심을 바로 선택하면 보다 포괄적인 시야를 열 수는 있으나 구성원들과
      의 연결고리가 약해져 혼자인 것처럼 느껴질 수 있고 공동체시스템으로부터 제
      외될 수 있다.
  (3) 따라서 시간적인 여유를 가지고 구성원들과 함께 시야를 열어 가며 균형을 잡아
      가는 것이 바람직하다.

4) 활동(10')
  (1) 소그룹 내에서 조장을 중심으로 진행한다.
  (2) 공동체시스템의 균형과 관련한 경험과 사례를 나눈다.

4. Module 정리

배운 점	
느낀 점	
실천할 점	

공동체 세우기

공동체 세우기 매핑

학습목표

대리인과 대리물의 방향과 거리 및 이동을 통해 경청할 수 있다.

장(field)에서 상호작용하는 정보를 있는 그대로 체득할 수 있다.

코치로서 공동체 세우기 원리에 준하여 개입할 수 있다.

M4 공동체 세우기 매핑

1. 대리인과 대리물

1) 대리인

    (1) 대리인을 세우는 경우 고객의 공동체시스템과 이해관계가 없는 중립적인 사람들일수록 좋다. 다만 구성요소가 남성인 경우 남성을, 여성인 경우 여성을 세우는 것이 좋다.

    (2) 코치는 장(field)의 경계선을 설정하고 고객과 대리인 후보들에게 공유한다.

    (3) 고객은 내면의 중심과 교류하면서 각각의 구성요소에 해당하는 대리인을 한 사람씩 위임한다. 대리인 뒤에서 어깨에 손을 얹고 자신이 느낀 감각에 의해 장(field) 내의 적당한 곳으로 이동시켜 세운다.

    (4) 대리인은 코치가 질문할 때 느낀 감각을 대답하며 변화의 필요를 느낄 때 감각에 따라 방향과 대리인 간의 거리를 바꾸며 이동한다.

    (5) 사람은 머리(이성), 가슴(감성), 팔다리(행동) 등이 서로 상호작용하는 시스템이므로 고객의 이슈가 장(field) 내에서 그대로 표현된다.

    (6) 대리인들에게서 안도감을 갖는 반응이 느껴지면 최종 이미지를 캡처하고 장(field)을 닫는다.

    (7) 장(field)을 닫기 위해 대리인을 손을 털며 역할에서 빠져나온다.

2) 대리물

    (1) 대리인이 없을 때 컵의 손잡이 등 방향을 나타낼 수 있는 물건을 대리물로 활용할 수 있다.

    (2) A4용지나 접착메모지 등 방향 표시가 없는 물건은 화살표를 그려서 대리물로 활용할 수 있다.

    (3) 대리물을 느낀 감각에 따라 바닥에 펼쳐 놓았을 때 각각의 구성요소를 밟고 서서 감각을 느껴 본다.

    (4) 대리물을 테이블에 배치했을 때는 각각의 구성요소에 손을 얹고 감각을 느껴 본다.

3) 양손

    (1) 고객의 이슈가 다음과 같이 두 가지 구성요소를 갖는 경우에 두 손을 대리물로 활용하여 시각화한다.

    (2) 중요한 인사와 관련하여 결정해야 하는 경우

    (3) 인수 합병 등 경제적인 결정에 관한 시스템적 정보 수집이 필요한 경우

    (4) 공동체시스템 간의 내적 긴장 관계를 규명해야 하는 경우

    (5) A라는 이슈와 B라는 이슈 사이의 내부 처리 절차를 개선해야 하는 경우

4) 온라인

    (1) 온라인에서는 대리물을 시각화할 수 있는 아래와 같은 협업툴을 활용한다.

      - Google Drive의 Jamborad(jamboard.google.com)

      - Microsoft의 Powerpoint

      - ALLO(allo.io)

      - MURAL(mural.co)

      - MIRO(miro.com)

      - MARIMBA(marimba.team)

      - PADLET(padlet.com)

    (2) 장(field)의 경계선을 원으로 표시한다.

    (3) 사람의 구성요소는 화살표가 있는 원을 그려 활용하며, 남녀 성별은 색깔(예: 남성 - 파랑, 여성 - 분홍)로 구분한다.

    (4) 공동체나 집단은 사각형을 그려 활용한다.

5) 활동(30')

    (1) 조장의 진행하에 조별로 토론한다.

    (2) 대리인, 대리물, 양손을 활용하기에 적합한 고객의 이슈들을 토론을 통해 도출해 본다.

2. 있는 그대로

1) 감성 지능
  (1) 개인이나 공동체의 보이지 않는 이슈를 듣기 위해서는 이성적이고 논리적인 분석 방법보다는 장(field)에 존재하는 보이지 않는 정보를 체득하는 아날로그적 접근이 필요하다.
  (2) 코치, 고객, 대리인 모두 장(field) 내에서의 대리인들 간의 상호작용을 읽는 감성적인 지능이 필요하다.
  (3) 코치는 공동체 세우기를 시작하기 전에 느낀 감각에 대하여 안내한다.
  (4) 고객은 느낀 감각을 통해 있는 그대로 공동체시스템의 진실과 패턴을 통찰한다.

2) 소매틱(somatic) 정보
  (1) 빛의 속도보다 빠른 '생각'이라고 표현되는, 머리에 번뜩 떠오르는 정보가 포함된다.
  (2) 가슴으로 느끼는 기쁨과 슬픔, 재미와 우울함 등의 감정 정보가 포함된다.
  (3) 서거나 앉거나 눕거나 팔을 뻗는, 방향을 바꾸거나 발버둥 치거나, 몸을 비틀거나 인상을 찡그리는, 짜릿하고 아프고 저리고 결리는 등의 몸이 반응하여 움직이는 정보를 포함한다.
  (4) 공동체 세우기는 성찰과 통찰을 일으키는 3세대 코칭으로 긍정적인 것과 부정적인 것 등으로 분리하거나 해석하지 않고 있는 그대로의 진실 위에 선다.

3) 역동과 패턴
  (1) 최종적인 이미지가 형성되면 코치는 고객을 대리인이 서 있던 자리에 세운다.
  (2) 고객은 최종적인 이미지를 체험해 보면서 처음에 내놓은 이슈의 상황과 최종적인 이미지가 전해 주는 상황을 직접 경험한다.
  (3) 고객은 매핑이 진행되는 동안에 느껴지는 구성요소 간의 방향과 거리, 이동 속에서 나타나는 역동과 반복되는 패턴을 알아차린다.

3. 코치의 개입

1) 질문
   (1) 코치는 대리인에게 질문을 통해 '있는 그대로'의 진실에 연결한다.
   (2) 대리인이 구성요소의 자리에 서서 느끼는 감각을 질문한다.
   (3) 대리인이 자리를 조정해야 할 상황의 변화를 묻는다.

2) 메시징(요청, 불일치 확인, 직관)
   (1) 코치가 대리인에게 따라 하게 할 수도 있다.
   (2) 성찰을 돕는 메시징의 예
      - 우리는 팀이 아니라 경쟁자들입니다.
      - 우리는 세상을 구하고 싶었습니다.
      - 나는 내 진정한 마음을 표현하기가 어렵습니다.
   (3) 공동체 세우기 원리에 의한 메시징의 예
      - 당신이 나보다 먼저 왔습니다. (서열)
      - 내 자리를 찾을 수 없습니다. (자리)
      - 좋았던 것은 내가 가져가고 나머지는 당신과 함께 남겨 두겠습니다. (균형)

3) 재배치
   (1) 대리인의 감각에 의해 방향과 위치를 변경하여 이동할 수 있다.
   (2) 때로는 코치가 대리인의 방향과 위치를 바꾸어 재배치하고 대리인이 느낀 감각을 질문할 수 있다.
   (3) 대리인이나 대리물의 위치와 방향의 재배치를 통해 숨겨진 정보가 드러나고 올바른 위치를 찾을 수 있도록 돕는다.

4) 활동(30')
   (1) 2명씩 짝을 짓는다.
   (2) 성찰을 돕는 메시징과 공동체시스템 원리에 의한 메시징에 적합한 문장을 도출해 본다.

4. 진행순서

1) 고객의 이슈
 (1) 고객의 이슈를 간략하게 듣는다.
 (2) 고객의 이슈 중에서 구성요소를 찾는다.

2) 대리인 위임
 (1) 구성요소를 대리할 대리인을 위임한다.
 (2) 중립적인 대리인의 뒤에 서서 어깨에 손을 얹고 내면과 교류하며 장(field) 내의 적당한 위치에 세우게 한다.
 (3) 고객은 장 밖에서 지켜보게 한다.

3) 질문
 (1) 각각의 대리인에게 다른 구성요소를 보며 느끼는 감각을 질문한다.
 (2) 대리인이 변화의 필요를 감지하고 있으면 방향과 위치를 조정할 수 있도록 안내한다.
 (3) 때로는 코치가 대리인을 재배치한 후 느낀 감각을 묻는다.

4) 장(field)의 종결
 (1) 대리인들의 안도감이 느껴지면 최종의 이미지로 확정하고 대리인에게 역할을 빠져 나오게 한다.
 (2) 장 밖에 있던 고객에게 최종 이미지에 맞춰 대리인들이 서 있던 자리에 서게 한다.
 (3) 고객이 통찰한 것을 질문한다.
 (4) 통찰에 근거하여 실행계획을 세운다.

5) 실습(50′)
 (1) 조장의 인도로 조별로 실습한다.
 (2) 고객 자원자를 찾는다.
 (3) 고객의 이슈와 구성요인을 찾는다.
 (4) 고객이 대리인을 위임하여 장에 세운다.
 (5) 대리인들에게 센터링을 하게 한다.
 (6) 코치는 대리인들에게 돌아가며 장에 서서 느낀 감각을 질문한다.
 (7) 고객이 장 밖에서 얻은 통찰을 공유한다.

5. Module 정리

배 운 점	
느 낀 점	
실 천 할 점	

공동체 세우기의 적용

대리인을 위임하여 공동체 세우기를 진행할 수 있다.

대리물을 활용하여 셀프 코칭, 일대일 코칭, 그룹 코칭을 진행할 수 있다.

팀 코칭, 공동체 코칭, 수퍼비전 코칭을 공동체 세우기로 진행할 수 있다.

M5 공동체 세우기의 적용

대리물을 사용하는 모든 공동체 세우기는 사람을 대리인으로 하여 진행할 수 있으며, 훈련된 코치와 함께하기에 가장 효과적으로 성찰이 이루어지며 근본적인 해결책을 발견할 수 있는 강력한 방식이다. 여기서는 다양한 주제를 통해 실제로 대리인 감각을 느껴볼 수 있는 공동체 세우기 실습 방법을 제시하였다.

이 밖에 공동체 세우기 팀 코칭을 실행할 때 적합한 활동을 소개하고, 대리물이나 양손을 대리인으로 활용하는 코칭에 대해 알아본다. 또한, 실제 문제를 다룰 때 공동체 세우기 3 원리(서열, 자리, 균형)가 어떻게 작용하는지도 알아본다. 공동체 세우기는 시스템적으로 사고를 전환하도록 하기 위한 가장 효과적인 방법이다.

1. 대리물을 활용하는 일대일 코칭

1) 대리물의 종류
 (1) 커피잔, 컵, 가위, 스테이플러 등 방향 표시가 있는 사물
 (2) 빈 의자
 (3) 방향과 구성요소를 기록한 A4용지
 (4) 온라인 워크숍에서는 잼보드(jamboard), 알로(allo), 뮤럴(mural), 미로(miro), 마림바(marimba) 등 온라인 협업도구

2) 대리물 활용이 필요한 경우
 (1) 코칭을 위한 사전 미팅이나 회의에서 사용
 (2) 관점 전환 혹은 의식 확장 질문에도 불구하고 고객이 같은 자리를 맴돈다고 느껴질 때 사용
 (3) 너무 이성적인 방식으로만 문제를 바라보려 하는 경향이 느껴질 때 사용
 (4) 코칭계약을 위한 사전 미팅이나 인터뷰 때 코칭의 효과를 보여 주고 싶은 경우
 (5) 세션 중간에 전체 구도를 바라보는 메타인지가 필요한 경우
 (6) 라포 형성 시

3) 매핑이 더욱 효과적인 경우

  (1) 코칭 현장에서 고객이 계속해서 판단하고 존중이 부족한 언어패턴을 보일 때

  (2) 힘들었던 과거에 대해 감정단어를 쓰지 않고 상황에 대한 스토리 전개로 코칭 세션에 진척이 없는 경우

  (3) 다양한 진단 도구를 사용하거나 다양한 코칭적 접근을 했지만 계속 한 가지에 고착되어 고객의 관점 전환이 잘 이루어지지 않는 경우

  (4) 머리로만 생각하던 고객이 머리에서 벗어나 감정과 몸의 느낀 감각에 집중이 필요한 경우

  (5) 센터링이나 호흡법 활용과 병행할 경우

  (6) 공동체 전체를 보는 메타인지로 시야가 확장되고 새로운 시각으로 상황에 대한 알아차림이 자연스럽게 일어나야 할 경우

  (7) 누구나 '스스로 답을 창조한다'는 코칭 철학이 예외 없이 발현되고 통찰이 일어나도록 돕는 경우

4) 대리물 활용 시 참고사항

  (1) 대리물보다 고객에 집중한다.

  (2) 발견과 통찰은 고객의 몫이다.

  (3) 장의 첫 이미지와 마무리 이미지를 촬영하여 비교하게 한다.

  (4) 가능하면 고객이 생각보다 몸의 느낀 감각에 집중하도록 안내한다.

  (5) 센터링을 통해 몸의 감각을 열어 줄 수 있다.

깊게 숨을 들이쉬고 내쉽니다.
호흡에 집중하여 깊게 들이쉬고 내쉽니다.
호흡에 따라 머리에서부터 어깨를 지나고 팔과 몸을 지나 다리와 발의 감각을 느껴 봅니다.
이제 전체 공간을 느껴 봅니다.
그 느낌에 따라 대리물을 이동시킵니다.
여기가 적절한 위치와 방향이라고 느껴지면 멈추고, 다른 대리물을 배치합니다.

---

5) 사례 1
    (1) 느낀 감각을 표현하기 어려워하는 대리인에게는 생각도 느낀 감각의 하나임을
        편안하게 안내한다.
    (2) 대부분의 사람들은 자신의 무의식적 멘탈 지도를 표현하는 것에 자연스럽게 반
        응한다.
    (3) 가족과 집에서 차를 마시다가 테이블 코칭을 위해 대리물 배치를 했다.
    (4) 구성요소는 남편, 아내, 24세 딸, 21세 딸이다.
    (5) 24세 딸이 이슈가 되어 매핑을 끝내고 가족 모두 흥미롭게 지도를 바라보며 각자
        보이는 것을 공유했다.
    (6) 이어서 21세 딸이 이슈가 되어 매핑 후 완전히 다른 모양의 매핑이 도출되었고,
        각자 보이는 것을 공유했다.
    (7) 두 딸은 매핑에 대한 설명을 듣거나 접한 적이 없었지만 자연스럽게 대리물을 선
        택하고 매핑하였고, 자신이 가족을 어떻게 생각하고 있는지에 대한 이미지를 관
        찰함으로써 새로운 발견을 하게 되었다.

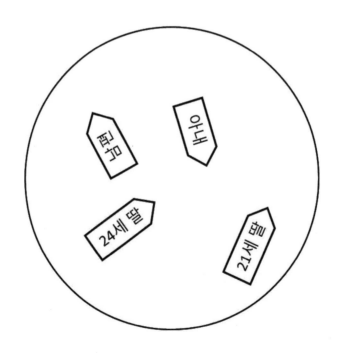

6) 사례 2

(1) 공동체의 리더로서 코칭을 받은 경험이 있었고 비정기적으로 자신의 이슈가 있을 때 코칭을 받아 문제를 해결해 왔던 고객이다. 그는 이제 일을 그만두고 놀고 싶다고 표현했다. 그런데 공동체에서 자신이 해야 할 일이 많아지고 있어서 어떻게 하면 일을 줄일 수 있을지 고민이라고 한다.

(2) 코치는 코칭 프로세스에 따라 주제를 명확히 하고 목표를 설정했다. 목표는 '어떻게 하면 일을 줄이고 놀 수 있을까?'였다.

(3) 구성요소는 이 이슈를 가진 고객을 나타내는 이슈, 목표, 일, 공동체, 구성원으로 선정하였다.

(4) 코칭 중이던 테이블 위에 테이블 워크숍 도구를 대리물로 사용하여 구성요소를 배치하여 관계매핑하였다.

(5) 코치는 고객에게 먼저 자신을 배치하고 나머지 구성요소를 배치하도록 요청했고, 대리물은 방향이 표시되어 있으므로 어떤 위치에서 어디를 바라보고 있는지 천천히 느끼며 느낀 감각대로 배치하면 된다고 안내했다.

(6) 매핑이 끝나고 전체를 조망하며 어떤 생각과 느낌이 드는지 질문하자 고객은 "이게 맞는데, 그런데… 좀 답답하네요. 원하는 곳으로 옮겨도 되나요?" 하며 요청하였다.

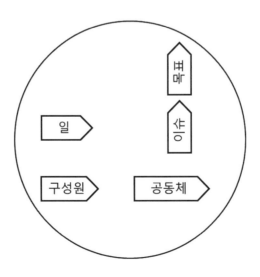

(7) 느낀 감각에 따라 올바른 위치를 찾아가기 위해 각 구성요소의 대리물 위에 손을 올리고 어떤 느낌이 오는지 질문하며 구성요소를 각기 다른 위치로 이동하였고, 더 이상의 움직임이 없을 때 코치가 다시 고객에게 처음과 다르게 느껴지는 부분이 무엇인지 질문하자 고객은 "일이 너무 가까이서 나를 향해 있고, 공동체가 직원을 향해 있는 것이 새롭네요. 왜 일이 공동체가 아닌 나를 바라보고 있는지 궁금해요"라고 답했다. 그 후 고객은 일과 자신이 분리되기 힘든 이유에 대해 스스로 말하기 시작하였고, 지도에서 고객은 목표 너머의 무엇인가를 바라보고 있었다. 결국 일을 자신의 일부로 인정하면서 그럼에도 불구하고 놀고 싶다는 목표를 이루고 싶어 했다.

(8) 이 과정을 통해 고객은 '어떻게 하면 재미있게 즐기며 살 수 있을까?'라는 새로운 목표를 발견하였고 고객은 공동체의 창립자였기에 지금은 새로운 리더가 있지만 여전히 공동체의 결정권이 자신을 향해 있다는 것도 깨닫게 되었다. 그는 곧바로 이사회를 소집하였고 자신의 직위를 연구소장으로 변경하고 새로운 리더에게 권한을 위임할 방법을 구상하는 행동변화로 나타났다.

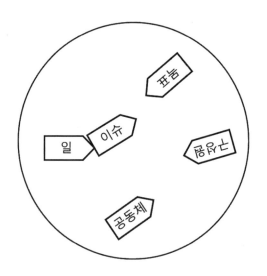

7) 사례 3

    (1) 줌을 이용한 비대면 코칭세션

    (2) 코칭을 시작하기 전 고객과 인사를 나누고 고객에게 "요즘 어떤 것에 관심이 많으신가요?"라고 질문했다. 고객은 아들과 남편의 관계 때문에 속상하고 힘들다고 말했고, 매우 지쳐 보이고 목소리 톤이 매우 낮았다.

    (3) 그래서 주변 물건들을 활용하여 매핑을 해 보기로 하였다. 현재 자리에서 보이는 것 중 본인, 남편, 아들 이렇게 세 가지에 해당하는 물건을 세 가지 가져와 노트북 앞 공간에 배치해 보도록 요청하였다.

    (4) 본인을 나타내는 물건은 안경케이스, 남편은 스노우볼, 아들은 가위였다.

    (5) 매핑 후 고객은 웃음을 터트리며 남편과 아들의 모습을 이렇게 보니 정말 너무 딱 맞다며 고개를 끄덕였고 목소리 톤이 올라가기 시작했다. 가위는 날 부분이 열린 채로 스노우볼을 향해 있었고 안경케이스는 스노우볼 오른쪽 앞에 위치해 있었다.

    (6) 어떻게 되면 좋겠냐는 질문에 안경케이스를 스노우볼 왼쪽 뒤로 이동하고 가위의 날 부분의 방향을 90도 돌려놓았다. 자신이 남편 뒤에서 지지하고 아들이 남편이 아닌 쪽으로 날을 돌리면 좋겠다고 하였다.

    (7) 오른쪽에서 왼쪽으로 이동한 것도 공동체 세우기의 원리 중 서열에 해당하는 부분이라는 메시징을 들은 고객은 아들과 남편과의 관계를 자신이 주도하고 있었다면서 일단 자신이 물러서 있는 것이 둘의 관계에 도움이 될 것이라는 것을 스스로 말하였다. 이후 고객은 코칭에 적극적인 자세로 세션을 시작하였다.

8) 실습(30')

   (1) 테이블에서 코치와 고객을 정한다.

   (2) 코칭 대화를 통해 주제와 목표를 합의하고 공유한다.

   (3) 이슈와 관련된 구성요소를 정한다.

     - 이슈, 목표, 자원, 장애요인 등

   (4) 최대한 고객으로 하여금 느낀 감각을 사용하여 대리물에서 구성요소를 선택하고 테이블 위에 배치하게 한다.

     - 왼손을 사용하여 천천히 움직인다.

     - 구성요소를 하나씩 어디쯤 위치할지를 느낀 감각으로 찾게 한다. 머릿속으로 전체를 그리기보다는 요소 하나씩 느낀 감각으로 배치하도록 안내한다.

     - 배치한 후에도 완결되었는지를 질문하면서 조정할 시간을 준다. "이게 맞나요? 전체를 다시 느껴 보면서 위치나 방향을 조정해도 됩니다."

   (5) 대리물의 배치 후 코치는 지도(map)를 먼저 직관한다. 구성요소 간의 거리, 방향, 전체 장에서 비어 있는 곳, 장의 무게중심, 좌우의 균형 등을 직관으로 바라본다.

     - 지도는 고객 스스로에게 해석하게 한다. "여기서 어떤 발견을 하셨나요?"

     - 만일 발견한 부분이 없는 경우, 코치는 지도를 설명하며, 다시 고객에게 질문한다.

   (6) 코치는 공동체 세우기의 3원리와 관련한 중재를 하며, 필요할 때는 개입하여 메시징한다.

   (7) 장을 있는 그대로 설명하고 선택은 고객의 몫으로 남겨 둔다.

   (8) 고객과 함께 실행계획을 세우고 코칭 프로세스에 따라 마무리한다.

2. 대리물을 활용하는 셀프 코칭

1) A4용지 활용 방법
   (1) A4용지에 대리할 대상을 적어 놓고, 배치하고, 이에 대한 느낌을 관찰하는 방식이다.
   (2) 코칭대화를 통해 정리된 목표, 장애, 자원, 맥락, 실행계획 등을 종이에 적고 그에 대한 감각적, 직관적 반응을 관찰하여, 논리적 분석에서 간과한 부분을 보완할 수 있다.
   (3) 종이를 배치하기 전, 몸과 내면에 집중하는 과정(trance-inducing work)이 있으면 좋다. 몸의 감각에만 집중하도록 안내하거나 센터링을 통해 몸의 감각을 열어 주는 것이 유용하다.
   (4) 처음 대리인 감각을 익힐 때는 종이에 적힌 것을 호명하고 종이에 올라서는 것도 좋다. 또한 대리인의 역할 밖으로 나오게 하는 과정(release process)도 시행해야 한다. 손을 흔들어 털고 나온다.
   (5) 종이를 배치하는 것만으로도 자신의 무의식적 지도 밖으로 떨어져서(meta-position) 전체적으로 볼 수 있게 되고, 고객은 각각의 자리에서 느낀 감각을 통해 대리인 반응을 경험하고 공감하고 이해하게 된다.
   (6) 코치는 각 자리에 섰을 때의 경험에 대해 질문을 통해 구성요소들을 재배치하거나 추가하거나 필요한 메시지를 전달할 수 있다.
   (7) 셀프 코칭에 활용한다면 스스로 관점전환과 인식의 확장을 일으키기 쉽고, 추가적인 통찰과 해결책에 빠르게 도달할 수 있게 된다. 특히 제외된 자리 찾기(position), 다른 시스템과의 얽힘(주로 가족 시스템), 주고받기의 균형(balance)을 통해 선택의 문제나 내적 갈등 및 외부와의 갈등 해결에 쉽게 활용할 수 있다.

2) 실습(30')

    (1) 셀프 코칭 주제를 정한다.

    (2) A4 용지에 이슈, 목표, 자원, 장애요인을 기록한다. 필요하면 숨겨진 유익, 맥락 등 추가 요소를 만들고 방향을 표시한 후 구체적인 내용을 기록한다.

    (3) 공간과 장(field)을 느끼는 시간을 가지거나 센터링한다.

    (4) 이슈의 자리 찾기 : 공간과 장을 느끼며 천천히 탐색하다 보면 이 자리가 '진짜다' 라는 느낌이 오는 장소에 내려놓는다. 이와 같이 목표, 장애물, 자원(숨겨진 유익, 미래과업 등)의 자리를 찾는다.

    (5) 첫 번째 이미지(매핑)를 사진 찍어 둔다.

    (6) 이슈 자리(A4 용지 위)에 서서 몸으로 느껴 보고, 목표, 장애물, 자원(숨겨진 유익, 맥락 등) 각각의 자리에서 동일한 작업을 한다.

    (7) 변화와 통찰이 있을 경우, 이동 배치하고 재감각한 후 새로운 요소가 필요하면 추가한다.

    (8) 최종 이미지를 사진 찍어 둔다.

    (9) 처음 이미지와 최종 이미지를 비교하며 시사점을 정리한다.

3) 빈 의자를 활용한 셀프 코칭

  (1) 구성요소에 따라 빈 의자를 적절한 자리에 배치한다.

  (2) 빈 의자의 수가 부족할 때 방석으로 대치할 수도 있다.

  (3) 순환적으로 의자에 앉아 대화를 나누는 방식(Goemetric Interview Work)

  (4) 빈 의자 기법에 매핑이 효과적으로 접목된 코칭

  (5) 고객은 메타인지로 전체 배치를 바라볼 수 있을 뿐 아니라 갈등 대상의 입장에
     몰입해 봄으로써 관점 전환이 이루어진다.

4) 실습(30')

  (1) A4용지 대신 의자를 사용한다.

  (2) A4용지를 사용한 코칭 프로세스와 동일하게 진행하되, A4용지 대신 빈 의자를
     배치한다. 혹은 의자 위에 A4용지를 올려놓아도 된다.

  (3) 가족관계를 주제로 셀프 코칭한다.

  (4) 각각의 자리에 앉아 보며 다른 가족에게서 어떤 이야기가 들리는지 귀를 기울여
     보게 한다.

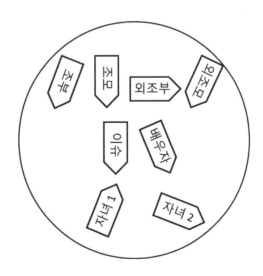

3. 양손을 대리인으로 활용하는 코칭

1) 활용 용도
   (1) 대리인으로서의 느낀 감각 발현을 위한 훈련
   (2) 특별한 대리물이나 대리인이 없어도 언제나 활용할 수 있는 방법
   (3) 선택과 집중을 위한 주제에 다양하게 활용
   (4) 코치가 손 대리인을 사용할 경우 코치(손)가 대리인으로서 장에 '접속하면서' 동시에 '밖'에 존재하므로 시스템에 깊게 연결되어 관찰하면서 경험도 할 수 있다는 장점이 있다.

2) 사례
   (1) 갈등을 손 대리인을 통해 다루는 사례
   (2) 고객은 전문코치 자격 준비 중 코칭시연에서 과도하게 긴장하여 실제 자신의 코칭에 대해 제대로 피드백 받지 못하고 있다고 생각하는 자신을 발견하고 이것에 대해 코칭 받고자 하였다.
   (3) 과도한 긴장 없이 코칭시연에 임하는 것을 목표로 하고, 공동체 세우기를 진행하였다. 고객이 직접 이슈로 참여하고, 목표, 장애물, 자원을 구성요소로 넣고 매핑을 하고 진행하던 중 질문을 통해 현재 피드백하는 코치에게 유독 더 긴장한다는 것을 발견하고는 구성요소에 피드백 코치 A를 추가하였다.
   (4) A의 대리인을 마주보자 불편함과 좋아함 두 가지 감정을 동시에 느꼈다. 코치는 A의 대리인 등 쪽에 한 손을 가까이 하여 천천히 왼쪽으로 이동하면서 고객에게 코치의 한 손을 집중해서 느끼도록 요청하며, "무엇인가 분리되고 있습니다"라고 메시징하였다.
   (5) 분리된 한 손을 왼쪽에 두고 고객에게 이것을 바라보면 어떤 느낌이 드는지 물어보았다. 고객은 "A4 크기의 빨간색 종이 같은 것이 빠져나와서 거기 있는 것 같아요"라고 말했고, 다시 A의 대리인을 바라본 느낌을 물어보자 '아까보다 훨씬 좋은 느낌이 커지고 불편한 느낌은 거의 없다'고 말했다.

(6) 코치의 한 손 대리인을 바라보고 있던 고객은 'A에게 불편하다고 느꼈던 감정이 사실은 매우 복잡하다'고 말하였고, 코치는 그 부분을 다른 시스템 코칭세션으로 진행하면 좋겠다고 제안하며 장을 마무리하였다.

(7) 이후 다른 추가 세션을 통해 진행된 공동체 세우기에서 고객은 그 한 손 대리인이 가족시스템에서 배제된 존재인 어머니임을 알아차렸고 그 빈자리에 누군가(지금 의 경우에는 A가) 위치함으로써 생겨난 반복된 패턴이라는 점을 알게 되었다.

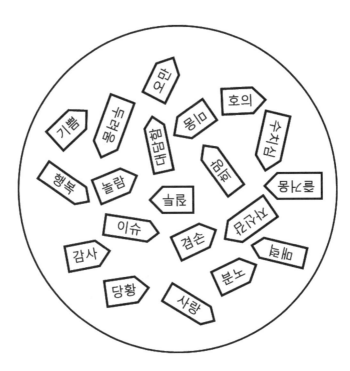

다양한 감정단어를 구성요인으로 활용할 수 있다

3) 실습(30')

    (1) 왼손으로 손목을 받쳐 오른손을 들어올린다. 잠시 후 받친 왼손을 빼면 오른손이 툭 떨어진다. 다시 오른손으로 왼손을 들어올린다. 잠시 후 받친 오른손을 빼면 왼손이 툭 떨어진다. 이 과정을 반복한다.

    (2) 자신의 손이 마치 '다른 사람의 손'인 것처럼 자의식으로부터 분리시킨다.

    (3) 두 손의 차이를 느껴 본다. 양손이 모두 의식에서 분리가 되면 양손을 대리인처럼 활용할 수 있다.

    (4) 양손이 각각 두 가지 선택 중 하나씩을 대리하게 한다.
       - A와 B 중 무엇을 선택하거나 우선순위를 두어야 하는가?
       - 이직을 할 것인가, 계속 직장에 다닐 것인가?
       - 상사와 부하직원, 선호하는 자아와 거부하는 자아 등

    (5) 오른손의 대리인 감각을 느껴 보고 느낌을 기억한다.

    (6) 오른손의 의식으로부터 나와 왼손의 대리인 감각을 느껴 본다.

4. 사람을 대리인으로 하는 그룹 코칭

1) 대리인 시스템 코칭
   (1) 대리물이 아닌 대리인으로 진행하는 공동체 세우기는 고객에게 훨씬 더 많은 정보를 제공하여 인사이트를 일으킬 수 있다.
   (2) 대리인으로 진행하는 공동체 세우기는 대부분 고객이 장 밖에서 관찰하고, 코치는 고객과 장을 오가며 질문을 통해 장으로부터 나온 정보를 언어로 전달하는 역할을 한다.
   (3) 해당 이슈를 가진 고객의 대리인은 구성요소 중 하나인 이슈(issue)로 장에 위치한다. 이는 고객 전체를 대신하는 대리인이 아니라 이슈와 관련된 시스템의 구성요소로서의 대리인이라는 의미가 있다.
   (4) 사이코 드라마나 역할극과의 차이점은 관계적 접근과 시스템적 접근의 차이다. 사이코 드라마나 역할극에서는 정해진 상황에 맞춰 개인적인 스토리, 그리고 판단이나 신념을 포함한 생각에서 출발한다.
   (5) 공동체 세우기에서는 '~인 체하기' 또는 어떤 포즈를 취하거나 연기하거나 특정한 방식으로 서거나 움직이도록 요청하지 않는다. 공동체 세우기는 고객과 시스템의 관계를 기본 전제로 한다. 대리인들은 오직 '시스템의 구성요소'로만 존재함을 전제로 한다. 시스템의 역학 관계의 변화에 의해서만 무의식적으로 느끼고 움직이게 된다.
   (6) 대리인은 각자의 느낀 감각대로 위치를 바꾸며 내적으로 일어나는 에너지를 통해 장(field)에서 느껴지는 보이지 않는 역동을 시각화하여 보여 준다. 또한 대리인은 감정을 언어로 전달하기도 하는데, 메시징 문장에 대한 대리인의 반응을 통해 핵심적인 얽힘을 찾아내기도 한다. 공동체 세우기의 장은 원하는 결과를 보여 주지 않는다. 비구조화 코칭 혹은 맥락적 코칭에서와 마찬가지로 코치는 장의 흐름을 따라가야 한다. 장을 있는 그대로 보고 존중하며 겸손하게 받아들이는 태도가 필요하다.
   (7) 처음 접한 고객이라면 너무 많은 정보를 다 소화하지 못할 수도 있고, 혹은 직면하지 못했던 사실과 마주하게 됨으로써 느껴지는 저항 혹은 불편함을 느낄 수 있기에 코치는 고객에게 지금 현재 상태를 분석하거나 성급하게 결론을 내리려 하지 말고 일주일 이상의 시간을 주고 그대로 두도록 안내해 주어야 한다.

(8) 대부분의 경우, 공동체 세우기를 통해 체화된(embodied) 시스템적 시각으로 시스템의 무의식이 시스템 법칙에 따라 발현되는 모습을 지켜보는 동안 근본적인 해결책이 떠오르는 경우가 많다. 많은 고객이 장이 구현된 모습뿐 아니라 이동하고 변화하는 과정에서 새로운 통찰을 가지게 된다고 말한다.

2) 대리인 지각

(1) 대리인으로 참여하는 참가자 역시 이 작업을 통해 자신이 가지고 있던 이슈가 해결되기도 한다. 대리인 체험은 무엇보다 강력하게 현존이 이루어지는 작업이다.

(2) 자신의 감각에 집중하고 장으로부터 흘러들어 오는 정보를 자신의 몸을 통해 긴밀하게 알아차리고 있는 그대로 표현하는 작업이다. 따라서 '지금 여기(Here and Now)'를 체험하고 훈련하는 좋은 방법이다. '알지 못함(not knowing)', 'egoless', '텅 빈 중심' 상태로 코칭을 진행해야 하는 코치로서, 자신을 고객과 함께하는 지금 이 순간에 머물게 하며, 있는 그대로 고객을 바라보면서 동시에 이 상황을 객관적으로 정확히 바라봐야 하는 훈련들 중 뛰어난 트레이닝 과정이다.

(3) 대리인 지각을 반복적으로 경험하게 되면 공감능력이 향상된다. 공동체의 구성원 혹은 고객을 직관적으로 이해하는 속도가 빨라진다. 이성으로만 인식하던 세계가, 모든 감각 능력을 사용하는 만큼 인식이 확장되고 더 넓어진다. 느낀 감각으로 지금까지 몰랐던 현상이 느껴지고 보이기 시작한다. 자신을 둘러싼 세계 자체가 엄청나게 확장된다. 관점 전환, 인식의 확장이 체화되어 일어난다. 당연히 관계와 공동체를 보는 시야도 확장된다.

(4) 장(field)에서 대리인은, 언제나 다른 대리인이나 장 자체의 움직임 속에서 영향을 받는다는 것을 계속 경험하게 된다. 다양한 역할의 대리인을 경험하면 타인에 대해 개인이 경험하여 익힐 수 있는 한계가 넓어지게 된다.

(5) 리더십을 키우는 데에도 도움이 된다. 사실 장(field)은 일상에서 언제나 펼쳐지고 있다.

(6) 코치는 코칭 후 고객의 지속적 행동변화를 주시하게 된다. 강력하고 지속적인 고객의 행동변화는 곧 코칭의 결과로 이어지기 때문이다. 생각이 바뀌고 감정으로 받아들이며 몸으로 체화한다면, 이 통합적 통찰은 어떤 것보다 강력하게 고객의 행동변화를 가져올 수 있다. 시스템 코칭은 무엇보다 강력한 코칭 도구다.

3) 그룹 코칭

(1) 그룹 코칭은 개인의 이슈를 다루면서도 여러 사람을 함께 참여하게 한다는 점에서 구성원들의 합의를 도출하는 퍼실리테이션과 다르다.

(2) 그룹으로 참여하기에 각각의 의제를 나누고 그중에서 가장 많은 이슈를 선택하여 세션을 진행하는 동안 서로 다른 관점을 인식하게 되고, 생각하지 못한 새로운 방법을 발견하게 되는 장점이 있다.

(3) 따라서 일반적인 그룹 코칭은 참여한 고객들의 모든 이슈를 다루기 어렵고 선택한 이슈에 집중할 수밖에 없으며, 개개인에게 따로따로 접근해야 하기에 많은 시간도 걸릴 수밖에 없다.

(4) 그러나 시스템으로 접근하는 코칭은 개개인의 이슈이지만 장에서 전체를 바라보며 느껴지는 감각에 의해 통찰을 얻게 되므로 짧은 시간에 보다 강력하고 총체적인 문제와 해법을 통찰할 수 있다.

4) 실습(30')

(1) 4명이 한 조가 된다.

(2) 각각의 이슈를 가지고 돌아가면서 하나씩 이슈를 다룬다.

(3) 첫 번째 고객 자신이 이슈가 된다.

(4) 다른 세 사람은 고객 구성요인의 대리인으로 장에 배치된다. 이슈인 고객은 위치를 정하기 전 등 뒤에서 어깨에 손을 올리고 "나의 ○○○이 되어 주세요"라고 말한 후 이동하여 느낀 감각에 따라 방향과 위치를 정하여 배치한다.

(5) 배치가 끝나면 이슈 자신도 적절한 위치를 찾아 장에 들어선다.

(6) 느낌을 따라 움직이거나 감정을 표현한다.

(7) 시간이 되면 장을 종료하고 대리인들은 서로 경험을 나누며, 이슈였던 고객은 경청하고 통찰한 것을 마음에 새긴다.

(8) 순서대로 돌아가며 이 과정을 반복한다.

5. 공동체 세우기 팀 코칭

1) 의사결정을 위한 공동체 세우기 팀 코칭
    (1) 팀이 결성되면 함께 이루어야 할 비전부터 수립해야 한다.
    (2) 비전을 수립할 때는 성공 철학을 공유하고, 그에 따른 존재 이유를 확립하며, 행동 강령을 공유하는 순서로 진행한다.
    (3) 미래상이나 비전문은 상징적인 한 문장으로 완결된다. 한 문장은 형용사, 명사, 동사로 구성되기에 성공 철학에서 모인 내용은 형용사 형태가 되고, 존재 이유에서 모인 내용은 명사 형태가 되며, 행동 강령에서 모인 내용은 동사 형태가 되어 자연스럽게 한 문장을 형성한다.

2) 사례
    (1) 공동체 세우기 워크숍에 참석한 수강생들로 팀이 구성되었다.
    (2) 이 팀은 당일 만나서 이루어진 팀으로 수강생들은 모두 코치협회에 소속된 코치였다.
    (3) 공동체 세우기 팀 코칭을 체험하기 위해 '코치로서의 비전' 문장을 만드는 것을 목표로 팀 코칭을 진행하였다.
    (4) 세 개의 꼭짓점은 성공철학(형용사), 존재이유(명사), 행동강령(동사)으로 결정하였다.
    (5) 바닥에 세 장의 A4용지를 배치하고 5인의 수강생들이 그 공간을 천천히 걸어 다니며 위치를 찾았다. 각각의 자리에서 진행코치가 질문한 후, 각자 원하는 위치로 다시 이동하였다.
    (6) 각자의 자리에서 느낀 감각을 통해 떠오른 질문이 있다면 다른 위치의 수강생에게 질문하였고, 각자의 통찰을 가지고 장을 마무리하고 테이블에 모였다.
    (7) 각자 떠오른 단어를 형용사, 명사, 동사로 세 가지씩 이야기하여 군집(grouping)하고, 손가락 투표로 가장 많은 표를 받은 단어를 하나씩 결정하였다. 함께 세 가지 단어로 문장을 만들어 비전 문장을 완성하고 각자 느낀 점을 나누었다.
    (8) 팀원들은 처음 만났고 서로를 잘 모르는 사이지만 함께 수립한 비전 문장을 기쁨으로 받아들였다.

3) 팀 코칭 주제

(1) 코칭대화 모델은 대부분 GROW 모델에 준한다. 본 연구원의 코칭대화 모델은 HUMAN이다. 라포 형성(Hands), 목표 설정(Underline), 가능성(Mapping), 실행 계획(Action plan), 후원환경(Nature) 순이다. 가능성(Mapping)과 GROW 모델의 Reality에서는 의식 확장과 관점 전환을 위해 가치나 의미를 묻는다.

(2) 전사적 차원에서는 비전이나 미션, 전략 등을 강조하지만 팀에서는 명확하지 않은 경우가 많다. 뿐만 아니라 팀으로 짜였지만 팀 소속감이나 일체감 형성이 부족한 경우도 많다. 그러므로 팀에서도 팀의 목표, 팀의 존재, 팀의 행동 등으로 구성요소를 지정하여 팀 코칭을 진행할 필요가 있다. 머리에 해당되는 목표는 가슴에 담긴 필터인 존재를 거쳐 팔다리에 해당되는 행동으로 이어진다.

(3) 이처럼 팀의 성공, 팀의 존재, 팀의 행동이 설정되더라도 머리에서 가슴을 거쳐 행동에 이르기까지는 시차가 있다. 이렇게 될 때까지 코치는 기다려 줄 수 있으나 몸 전체로 체험하는 것은 머리로 깨닫는 것보다 더 효과적일 때가 많다. 이성적으로는 결정이 되었으나 행동으로 옮기기 힘들어할 때도 시스템 팀 코칭이 매우 유용하다.

(4) 반복적인 패턴이나 갈등으로 팀 코칭이나 퍼실리테이션 후에도 지속적인 변화에 어려움을 겪는다면 전체 시스템을 대신하여 무엇인가 표현이 되고 있다고 할 수 있다.

(5) 공동체 세우기 일대일 코칭이나 그룹 코칭에서는 공동체에 대해 전혀 알지 못하는 중립적인 사람이 대리인이 된다. 그러나 팀의 경우에는 방식을 조정할 필요가 있다. 팀에서 실제 문제를 직접 다루면 대인관계의 긴장이 그대로 드러나 더 문제가 될 수 있기에 팀 전반에 관련된 것을 다룸으로써 점진적으로 도입할 수 있다. 실제적인 문제는 팀 전반에 관련된 것을 다루면서 익숙해진 후에 다루는 것이 좋다.

(6) 공동체 세우기 팀 코칭을 통해 시스템적 시각을 가지면 개인을 넘어 시스템 수준이나 맥락에서 기능이나 역할을 인식하게 되어 대인관계의 긴장이 완화되고 정체되어 있던 부분이 순환될 수 있다.

4) 실습(30')

    (1) A4 용지에 각각 팀의 성공, 팀의 존재, 팀의 행동을 기록한다. 방향 표시는 하지 않는다. 장(field)의 경계를 정하고 기록된 A4용지 3장을 정삼각형으로 배치한다.

    (2) 팀원들은 정삼각형으로 배치된 구성요소 사이의 공간을 천천히 걸어 다니면서 몸의 감각으로 느껴지는 위치를 찾는다. 위치는 현재 다른 사람들과의 관계에 의한 것보다 각 단어와의 관계임을 안내한다.

    (3) 이동하다가 모두가 한 자리에 가만히 서 있게 될 때 코치는 아래와 같이 질문한다.
      - 지금 서 있는 곳은 어디인가요?
      - 지금 마주하고 있는 것은 무엇인가요?
      - 지금 보이는 것은 무엇인가요?

    (4) 각각의 위치에서 관찰한 것, 통찰한 것, 느낀 감각을 공유한다.

    (5) 이동하고 싶은 사람은 이동하도록 한다. 이번에는 장에 있는 모든 사람들과 팀 전체 시스템을 염두에 두고 움직이도록 안내한다.

    (6) 새로운 위치에서 다시 한번 의견을 공유하는 질문을 하고 삼각형 안에 동그랗게 앉아서 토론한다.

    (7) 각각의 위치에서 공유한 느낀 감각을 형용사, 명사, 동사의 한 문장으로 요약하여 팀의 미래상을 정리한다.

6. 문제해결을 위한 공동체 세우기 코칭

1) 시스템

    (1) 시스템은 '구성요소들의 위치를 기억하고 재배치하려는' 역동을 지니고 있다.

    (2) 그 구성요소가 사람이라면, 그 사람이 누구든지 시스템은 상관하지 않는다. 그 자리에 들어서면 그 역할이 되는 것이다. 잘못된 위치에 들어서거나 제외되면, 시스템은 공동체 세우기의 원리(서열, 자리, 균형)를 통해 재배치하고 시스템을 유지하려고 한다.

    (3) 시스템적 접근에서 공동체는 개인의 합보다 크다. '그 어떤 개인의 힘도 전체로서 공동체를 넘을 수 없다.'고 전제한다. 그리고 실제로 거의 모든 공동체 세우기의 장(field)에서 확인된다. 최고 운영자라도 공동체 세우기 장을 원하는 대로 바꿀 수 없음을 확인할 수 있다.

    (4) 공동체 세우기가 활용한 '가족 세우기'에서는 '나의 힘'이 내 등 뒤의 부모님, 그 뒤에 있는 부모님의 부모님으로부터 나온다고 전제한다. 즉, 하나의 가족 시스템 자체가 삶을 살아갈 힘을 주게 된다. 이는 이론이라기보다는 대리인의 경험으로도 증명된다.

    (5) 대리인들은 예외 없이 등 뒤에서 전해 오는 힘에 의해 '커짐'과 '강함', '삶을 살아갈 동력'을 느끼게 된다. 리더십을 '힘'의 관점에서 보자면 '개인의 리더십 < 지위의 리더십 < 문화의 리더십'으로 힘의 크기를 그려 볼 수 있을 것이다.

    (6) 공동체 세우기의 3가지 원리와 함께 공동체에서 인정해야 할 몇 가지 원리를 추가할 수 있다.[11]

      - 상사라도 나중에 온 사람은 먼저 온 사람보다 우선이다. (서열)

      - 모든 사람이 소속될 권리가 있다. (자리)

      - 주고받기의 균형(균형)

      - 현실을 인정하고 존중해야 한다. (있는 그대로)

      - 전체를 위해 큰 위험을 감수하는 사람은 중요한 사람으로 인정받아야 한다. (인정 1)

      - 업무 능력이 뛰어난 사람은 인정받아야 한다. (인정 2)

---

11)   상게서, p.36.

2) 공동체 세우기의 시사점

  (1) 가장 중요한 것은 공동체 내에서 존재하는 현실을 '있는 그대로 인정하는 것'이다. 시스템은 가치판단을 하지 않는다. 옳고 그른 것이 아니라 단지 존재하는 현상에 불과하다는 시선으로 바라볼 때 문제해결이 가능하다. 이것은 코칭에서 변화의 첫 번째 단계인 '직면(facing)'을 뜻하기도 한다.

  (2) 다음과 같이 아주 단순한 객관적 사실을 인정하는 것으로부터 변화는 시작된다. 아무리 인정하고 싶지 않아도 부서의 장이 상사이며, 팀원이 부하직원이라는 사실은 바뀌지 않는다.
- 당신은 상사이고 나는 당신의 부하직원입니다.
- 당신은 고객이어서 당신의 만족은 내게 중요한 일입니다.
- 당신은 이 공동체에서 10여 년 일했고, 난 이제 일을 시작했습니다.
- 당신이 먼저 왔고 나는 나중에 왔습니다.
- 당신은 크고 나는 작습니다.

  (3) 새로 들어오는 사람을 위해서는 유예기간을 두어야 한다. (균형) 새로 들어온 사람은 도움을 받아야 하며, 시간을 두고 이에 대해 갚으려는 과정에서 안정적인 결속과 책임의 균형이 만들어진다.

  (4) 특히 새로운 사람이 주요 직책을 맡거나 리더로 들어오는 경우에, 유예기간을 두고 맨 뒷자리에서 리더십을 발휘한다. (서열) 기존의 방식과 문화를 인정하고 다른 사람의 공로를 존중해야 한다. 설사 시대에 뒤떨어진 구조와 기술로 공동체를 이끌어 왔다 하더라도 말이다. 그들의 경험과 일을 처리하는 방법에 대해서 경청하고, 결정을 내리기 전에 의견과 아이디어를 구해야 한다. 맨 뒷자리에서 이끌어야만 구성원들의 신뢰와 지지를 얻고 리더로서 인정받을 수 있다. 공식적인 서열이 문화적 서열로 인정되는 과정 이후에 혁신이 가능하다.

  (5) 창시자는 현재의 리더와 똑같은 소속의 권리를 '언제까지나' 지닌다. (자리, 서열) 공동체를 떠나거나 어려운 시기에 공동체를 떠난 중요한 사람들도 소속의 권리를 지니고 있다. 일단 한번 소속된 사람들은 대부분 다 그렇다. 그래서 상징적으로 이들의 자리를 마련해 줄 필요가 있다. (자리, 균형)

(6) 전체를 위해 더 큰 위험을 감수하는 사람은 더 많은 인정을 받아야 한다. (자리, 균형) 시스템은 스스로의 생존을 가장 우선시한다. 개개인의 뛰어난 능력보다는 전체 시스템에 기여하는 것이 더 중요하게 인정받아야 하는 이유이다. 만일 적절한 보상을 하지 않을 경우, 내부 구성원은 전체에 기여하지 않으려 하게 되고 시스템은 약화된다.

(7) 상사가 더 인정을 받아야 하는 이유도 여기에 있다. 더 큰 영역에 대해 책임감을 가지고 있기 때문이다. (균형, 서열) 전체 이익을 위해서 일하는 사람이 공동체에서 리더로서 대접을 받아야 하고, 거꾸로 리더는 전체의 이익에 봉사해야 한다. 최고 운영자나 임원이 부하직원들 앞에서 그들의 팀장을 인정하지 않는 발언을 하는 것은 시스템의 균형을 깨뜨리는 행위이고 전체 시스템에 긴장을 초래한다.

(8) 리더는 '주기만 하는 존재'가 아니다. (균형) 남들이 도움을 청하지 않아도 도와주려고 하고, 다른 사람에게 주어진 임무를 떠맡아 해결해 주려는 리더가 있다. 이 공동체는 팀워크가 향상될 수 없다. 팀원들의 책임과 권한을 리더가 가져갔기 때문이다. 이는 팀원들을 존중하지 않는 태도이고, 그들의 성장을 방해하는 결과를 낳는다. 시스템 관점에서 책임과 권한의 균형을 깨뜨리게 되고, 시스템의 성장을 저해하게 된다. 시스템은 이러한 리더를 '밖으로' 몰아내고자 역동을 만들게 된다.

(9) 업무능력이 뛰어난 사람은 인정받아야 한다. (균형) 공동체 세우기 원리의 우선순위상 개인의 능력에 대한 인정은 가장 나중이다. (서열) 그러므로 업무능력이 뛰어난 사람은 시스템 전체에 기여할 기회를 주어야 한다.

3) 사례 1

    (1) 50년 된 모 공동체의 리더 B는 창시자의 아들이고, 본부장 C는 리더 B의 아들이고 창시자 A의 손자다. 야심이 많은 본부장 C는 공동체를 시대에 맞게 혁신하려고 하고 리더인 아버지 B는 아들이 하는 일이라 밀어 주려고 하지만, 창시자 A의 사람들이라고 할 수 있는 오래된 공동체의 임원들은 따르지 않아 고심이 많다. 이런 기류로 인하여 공동체는 혁신을 원하는 젊은 그룹과 혁신을 원하지 않는 오래된 구성원들 그룹으로 양분된 상태다.

    (2) 본부장 C의 요청에 따라 '어떻게 하면 구성원들로 하여금 혁신을 잘 받아들이게 할 수 있을까?'라는 주제로 공동체 세우기를 진행하였다.

    (3) 구성요인으로는 공동체를 혁신하고자 하는 목표, 리더 B, 이슈인 본부장 C, 공동체, 오래된 구성원, 신규 구성원으로 정해졌다.

    (4) 남성인 구성요인에는 남성을, 여성인 구성요인에는 여성을 대리인으로 위임한 것 말고는 해당 공동체의 내막을 전혀 모르는 중립적인 대리인들로 장이 시작되었다.

    (5) 각각의 대리인들에게 느낀 감각을 질문하였을 때 목표와 공동체는 거의 장 밖으로 나가 버렸고, 오래된 구성원과 신규 구성원들도 장 내의 변두리에서 리더 B와 본부장 C를 바라보고 있을 뿐, 실제적으로 장에는 부자관계인 두 사람만이 중심이 되어 있었다.

    (6) 코치의 제안으로 창시자 A의 대리인을 추가하였을 때 창시자 A가 중심이 되는 구조로 장이 변화되는 것을 확인할 수 있었다.

    (7) 본부장 C의 대리인은 창시자 A와 오래된 구성원들에게 "당신이 먼저 왔습니다"라는 서열과 관련된 메시징을 하였고, 리더 B에게는 "공동체에서는 아들이라 부르지 말고 본부장으로 불러 달라"는 자리와 관련된 메시징을 하였다.

    (8) 고객인 본부장 C는 장의 움직임을 통해 통찰을 얻었다.

4) 사례 2

(1) 대표 A는 운영자로 공동체에 들어와 많은 부분들을 혁신하였으나 공동체의 전통과 구조 속에서 리더의 자리를 찾지 못해 배제된 채 고군분투하다가 10년 차가 된 지금 자신의 의지와 관계없이 구성원들의 권유에 따라 떠나게 되었다.

(2) 대표 A는 운영자로 초대받을 때와 떠나야 하는 지금의 분위기가 극과 극이어서 이해도 되지 않았고 억울한 마음만 지속되고 있어 스트레스가 쌓이고 건강에도 적신호가 나타날 것 같다.

(3) '어떻게 하면 잘 떠날 수 있을까?'라는 주제로 공동체 세우기를 진행하였다.

(4) 구성요인으로 이슈인 대표 A, 공동체, 오래된 구성원들, 신규 구성원들로 정하였고, 각각의 구성요인을 A4 용지에 기록하고 방향 표시를 하여 느낀 감각에 따라 장에 배치하도록 하였다.

(5) 공동체의 구조와 관련된 코칭이나 셀프 코칭으로 진행하였다.

(6) 이슈의 자리에 서서 각각의 구성요인들을 하나씩 바라보게 하고 느낀 감각을 질문하였다. 공동체의 자리, 오래된 구성원들의 자리, 신규 구성원들의 자리에 차례로 서게 하고 각각의 구성요인들을 하나씩 바라보게 한 후 느낀 감각을 질문하였다.

(7) 고객이 직접 장에 들어가 각각의 구성요인 자리에 서게 하고 느낀 감각을 질문하였을 때 고객은 그들의 입장을 느끼고 그들의 입장을 이해하며 자신을 성찰함으로써 억울한 마음이 거의 사라지고 스트레스가 줄어들어 잘 떠나는 방법을 다음 회기 코칭에서 진행하기로 합의하였다.

5) 실습(30')

(1) 한 사람의 자원자가 고객이 되어 자신이 속해 있는 공동체의 문제상황을 공유한다.

(2) 구성원 개인, 그룹, 부서, 공동체 등으로 구성요인을 정한다.

(3) 고객은 각 구성요인의 대리인을 선택하여 장에 배치한다.

(4) 코치는 각각의 대리인에게 느낀 감각을 질문하고, 대리인이 변화를 감지하면 위치와 방향을 바꿀 수 있도록 안내한다.

(5) 장이 끝나면 고객은 자신이 통찰한 바를 공유한다.

7. 공동체 세우기 수퍼비전 코칭

1) 수퍼비전 코칭의 공통주제[12]
   (1) 새로운 관점을 제공한다.
   (2) 양질의 코칭, 안전한 코칭이 진행될 수 있게 한다.
   (3) 개인적, 직업적인 성장에 주의를 기울인다.
   (4) 코치 자신이 코칭의 도구이므로 자기 인식과 노력이 필요하다.
   (5) 코치와 수퍼바이저 사이에 수행하는 것이 수퍼비전이므로 시스템의 상호 연결 관계에 관한 것이 주요 주제가 된다.
   (6) 코치, 리더, 수퍼바이저에게 자원을 제공하기 위한 것이다.

2) 수퍼비전 코칭의 목적
   (1) 코치와 수퍼바이지의 지속적인 학습과 개발
   (2) 계속해서 배우고 성장하는 수퍼바이지
   (3) 수퍼바이지 코칭 과제의 질적 수준
   (4) 수퍼바이지의 개인, 그룹, 팀, 공동체 내 고객
   (5) 성찰과 개발을 통해 자신의 능력과 역량을 개발하는 수퍼바이지의 미래 고객
   (6) 고객의 가족과 지역공동체, 광범위한 생태계 등의 이해관계자
   (7) 공동체에서 고객의 이해관계자
   (8) 수퍼바이지가 속한 공동체 및 그들의 이해관계자
   (9) 모든 단계에서 성찰을 통해 끊임없이 배워야 하는 코칭 전문가

---

12)   피터 호킨스 외, 최은주 역, 『시스템 코칭 - 개인을 넘어 가치로』, 한국코칭수퍼비전아카데미, 2021.

3) 실습(30')

    (1) 코치의 윤리규정을 인지할 수 있도록 상기시킨다.

    (2) 수퍼바이저 코치 및 수퍼바이지 코치의 역할은 자원자가 담당한다.

    (3) 수퍼바이지가 코칭하면서 어려웠던 사례를 공유한다.

    (4) 구성요인으로는 이슈를 가진 수퍼바이지인 이슈, 수퍼바이지의 고객, 수퍼바이지의 공동체 고객으로 정한다.

    (5) 수퍼바이지는 직접 이슈가 되어 장에 들어가 느낀 감각으로 진실이라고 느껴지는 자리에 위치한다.

    (6) 장에 위치한 수퍼바이지 고객(이슈)은 자신의 느낀 감각에 따라 각각의 구성요인의 중립적 대리인을 선택하여 장에 배치한다.

    (7) 수퍼바이저 코치는 각각의 대리인에게 느낀 감각을 질문하고, 대리인이 변화를 감지하면 위치와 방향을 바꿀 수 있도록 안내한다.

    (8) 장이 끝나면 수퍼바이지 고객은 자신이 통찰한 바를 공유한다.

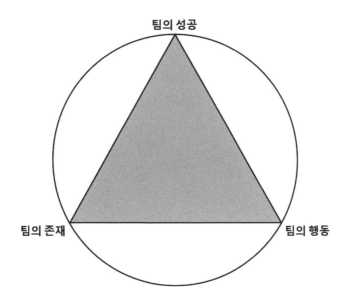

8. Module 정리

배 운 점	
느 낀 점	
실 천 할 점	

공동체 세우기

텔레 코칭 클래스

실제로 공동체 세우기를 실습함으로 코칭능력을 배양할 수 있다.

다른 사람들의 공동체 세우기 현장을 관찰하며 통찰할 수 있다.

자신감을 얻어 고객과의 공동체 세우기 세션에 적용할 수 있다.

M6 텔레 코칭 클래스

1. 1차

1) 참가자 확인
   (1) 출석 확인
   (2) 그동안의 삶 나눔

2) 과제 점검
   (1) 개인별 과제 점검
   (2) 질의응답

3) 코칭 시연(실습 60')
   (1) 코치 1인, 고객 1인 선정
   (2) 관찰자 노트 기록

4) 피드백
   (1) 고객의 피드백
   (2) 코치의 피드백
   (3) 관찰자들의 피드백
   (4) FT의 피드백

5) Q&A
   (1) 배우고 느낀 점 공유
   (2) 개인별 과제 선정

2. 2차

1) 참가자 확인
   (1) 출석 확인
   (2) 그동안의 삶 나눔

2) 과제 점검
   (1) 개인별 과제 점검
   (2) 질의응답

3) 코칭 시연(실습 60')
   (1) 코치 1인, 고객 1인 선정
   (2) 관찰자 노트 기록

4) 피드백
   (1) 고객의 피드백
   (2) 코치의 피드백
   (3) 관찰자들의 피드백
   (4) FT의 피드백

5) Q&A
   (1) 배우고 느낀 점 공유
   (2) 개인별 과제 선정

3. Module 정리

배운 점	
느낀 점	
실천할 점	

공동체 세우기

부록

(Appendix)

부록(Appendix)

관찰자 노트

코칭 노트

코칭 일지

수료식

강의평가 설문

코치 인증 절차

(사)한국코치협회 윤리규정

(사)한국코치협회 코치역량

과정 정리

관찰자 노트

단계	체크할 사항	잘한 점	개선점
1. Hands 라포 형성	안전한 분위기 조성? 편안한 관계 형성?		
2. Underline 목표 설정	구체적인 목표 설정? 목표의 수준 탐색? 목표의 명료화?		
3. Mapping 가능성	현재 상황 이해? 다른 생각회로 확장?		
4. Action plan 실행계획	다양한 실행계획? SMART 기준으로 체크?		
5. Nature 마무리	후원환경 조성? 요점 정리와 차기약속?		

단계	체크할 사항	잘한 점	개선점
1. Hands 라포 형성	안전한 분위기 조성? 편안한 관계 형성?		
2. Underline 목표 설정	구체적인 목표 설정? 목표의 수준 탐색? 목표의 명료화?		
3. Mapping 가능성	현재 상황 이해? 다른 생각회로 확장?		
4. Action plan 실행계획	다양한 실행계획? SMART 기준으로 체크?		
5. Nature 마무리	후원환경 조성? 요점 정리와 차기약속?		

코칭 노트

고객 성함		연락처	
날짜		시간	
코칭주제			

코칭대화 모델	주요 질문	답변
1. Hands 라포 형성		
2. Underline 목표 설정		
3. Mapping 가능성		
4. Action plan 실행계획		
5. Nature 마무리		
깨달음		
피드백		
소감		
차기일정		

고객 성함		연락처	
날짜		시간	
코칭주제			

코칭대화 모델	주요 질문	답변
1. Hands 라포 형성		
2. Underline 목표 설정		
3. Mapping 가능성		
4. Action plan 실행계획		
5. Nature 마무리		

깨달음	
피드백	
소감	
차기일정	

코칭 일지

고객명	날짜 (년/월/일)	시간 (시작~끝)	유료 시간(분)	무료 시간(분)	코치더 코치(분)	코칭형태	연락처 (전화/이메일)
코칭 실습시간 합계							

고객명	날짜 (년/월/일)	시간 (시작~끝)	유료 시간(분)	무료 시간(분)	코치더 코치(분)	코칭형태	연락처 (전화/이메일)
코칭 실습시간 합계							

수 료 식

■ 수료증 수여

■ 기회장 선출

■ 총무 지명

Note

....
....
....
....
....
....
....
....
....

강 의 평 가 설 문

1. 공동체 세우기 워크숍에 대한 전반적인 만족도는 어느 정도입니까?
   (1) 매우 낮다   (2) 낮다   (3) 보통   (4) 높다   (5) 매우 높다

2. 공동체 세우기 워크숍 중 가장 도움이 되었던 것은 어떤 내용입니까?

   ....

3. 공동체 세우기 과정의 개선점이나 제안사항은?

   ....

4. 공동체 세우기 과정 참여에 추천하고 싶은 지인은?

성함	연락처

작성 후 사진을 찍어 FT에게 톡으로 보내 주세요.

한국FT코칭연구원 귀중

코치 인증 절차

ACPK 지원(한국코치협회)

코치인증자격	KAC	KPC	KSC
지원자격		KAC취득 후 6개월 이상	KPC취득 후 1년 이상
지원서	별도 양식		
서약서	코치윤리강령준수 서약서		
교육시간	20시간	60시간	150시간
코칭시간	50시간	200시간	800시간
멘토 코칭 받기		2개월 이상 5시간	3개월 이상 10시간
고객추천서	2인 각 1통(총 2통)		
코치추천서	2인 KAC 이상으로부터 각 1통(총 2통)	2인 KPC 이상으로부터 각 1통(총 2통)	2인 KSC 이상으로부터 각 1통(총 2통)
필기시험	온라인으로 실시		에세이 제출
실기시험	20분 시연	30분 시연	40분 시연
인증심사비	20만 원	30만 원	40만 원
코치자격 유지기간	3년 주기 연장	5년 주기 연장	
자격유지 보수교육	- 인증 후 3년간 30시간 교육 참가	- 인증 후 5년간 50시간 교육 참가	- 인증 후 매년 10시간 교육 참가
	- 협회 역량교육 - 협회 및 지부 월례세미나(2시간/회당), 코치대회, 코치활동 및 저술활동 등 - ACPK 인증 프로그램		
의무사항	- 인증자격 유지를 위해서는 협회 정회원 이상의 자격을 유지해야 함		

- KPC 응시를 위한 교육시간 60시간 중 기본 인증프로그램은 최대 20시간이 인정되며, 심화 인증프로그램 20시간 이수는 필수이다. 나머지 20시간 이상은 심화 또는 역량 인증프로그램 중 선택할 수 있다.
- 한국FT코칭연구원은 (사)한국코치협회 인증 기초프로그램인 "인성코칭"(ACPK01139), 심화프로그램인 "러닝코칭"(ACPK01148), 역량프로그램인 "프로세스코칭"(ACPK01115)이 있다.

(사)한국코치협회 윤리규정[13]

윤리강령

1. 코치는 개인적인 차원뿐 아니라 공공과 사회의 이익도 우선으로 합니다.
2. 코치는 승승의 원칙에 의거하여 개인, 조직, 기관, 단체와 협력합니다.
3. 코치는 지속적인 성장을 위해 학습합니다.
4. 코치는 신의 성실성의 원칙에 의거하여 행동합니다.

윤리규칙

제1장 기본윤리

제1조(사명)

1. 코치는 한국코치협회의 윤리규정에 준거하여 행동합니다.
2. 코치는 코칭이 고객의 존재, 삶, 성공, 그리고 행복과 연결되어 있음을 인지합니다.
3. 코치는 고객의 잠재력을 극대화하고 최상의 가치를 실현하도록 돕기 위해 부단한 자기 성찰과 끊임없이 공부하는 평생학습자(life learner)가 되어야 합니다.
4. 코치는 자신의 전문분야와 삶에 있어서 고객의 Role모델이 되어야 합니다.

제2조(외국윤리의 준수)

코치는 국제적인 활동을 함에 있어 외국의 코치 윤리규정도 존중하여야 합니다.

---

13)   (사)한국코치협회 홈페이지 http://kcoach.or.kr/01about/about06.html

제2장 코칭에 관한 윤리

제3조(코칭 안내 및 홍보)

1. 코치는 코칭에 대한 전반적인 이해나 지지를 해치는 행위는 일절 하지 않습니다.
2. 코치는 코치와 코치단체의 명예와 신용을 해치는 행위를 하지 않습니다.
3. 코치는 고객에게 코칭을 통해 얻을 수 있는 성과에 대해서 의도적으로 과장하거나 축소하는 등의 부당한 주장을 하지 않습니다.
4. 코치는 자신의 경력, 실적, 역량, 개발 프로그램 등에 관하여 과대하게 선전하거나 광고하지 않습니다.

제4조(접근법)

1. 코치는 다양한 코칭 접근법(approach)을 존중합니다. 코치는 다른 사람들의 노력이나 공헌을 존중합니다.
2. 코치는 고객이 자신 이외의 코치 또는 다른 접근 방법(심리치료, 컨설팅 등)이 더 유효하다고 판단되어질 때 고객과 상의하고 변경을 실시하도록 촉구합니다.

제5조(코칭 연구)

1. 코치는 전문적 능력에 근거하며 과학적 기준의 범위 내에서 연구를 실시하고 보고합니다.
2. 코치는 연구를 실시할 때 관계자로부터 허가 또는 동의를 얻은 후 모든 불이익으로부터 참가자가 보호되는 형태로 연구를 실시합니다.
3. 코치는 우리나라의 법률에 준거해 연구합니다.

제3장 직무에 대한 윤리

제6조(성실의무)

1. 코치는 고객에게 항상 친절하고 최선을 다하며 성실하여야 합니다.
2. 코치는 자신의 능력, 기술, 경험을 정확하게 인식합니다.
3. 코치는 업무에 지장을 주는 개인적인 문제를 인식하도록 노력합니다. 필요할 경우 코칭의 일시 중단 또는 종료가 적절할지 등을 결정하고 고객과 협의합니다.
4. 코치는 고객의 모든 결정을 존중합니다.

제7조(시작 전 확인)

1. 코치는 최초의 세션 이전에 코칭의 본질, 비밀을 지킬 의무의 범위, 지불 조건 및 그 외의 코칭 계약 조건을 이해하도록 설명합니다.
2. 코치는 고객이 어느 시점에서도 코칭을 종료할 수 있는 권리가 있음을 알립니다.

제8조(직무)

1. 코치는 고객, 혹은 고객 후보자에게 오해를 부를 우려가 있는 정보 전달이나 충고를 하지 않습니다.
2. 코치는 고객과 부적절한 거래 관계를 가지지 않으며 개인적, 직업적, 금전적인 이익을 위해 의도적으로 이용하지 않습니다.
3. 코치는 고객이 고객 스스로나 타인에게 위험을 미칠 의사를 분명히 했을 경우 한국코치협회 윤리위원회에 전달하고 필요한 절차를 취합니다.

제4장 고객에 대한 윤리

제9조(비밀의 의무)

1. 코치는 법이 요구하는 경우를 제외하고 고객의 정보에 대한 비밀을 지킵니다.
2. 코치는 고객의 이름이나 그 외의 고객 특정 정보를 공개 또는 발표하기 전에 고객의 동의를 얻습니다.
3. 코치는 보수를 지불하는 사람에게 고객 정보를 전하기 전에 고객의 동의를 얻습니다.
4. 코치는 코칭의 실시에 관한 모든 작업 기록을 정확하게 작성, 보존, 보관, 파기합니다.

제10조(이해의 대립)

1. 코치는 자신과 고객의 이해가 대립되지 않게 노력합니다. 만일 이해의 대립이 생기거나 그 우려가 생겼을 경우, 코치는 그것을 고객에게 숨기지 않고 분명히 하며, 고객과 함께 좋은 대처방법을 찾기 위해 검토합니다.
2. 코치는 코칭 관계를 해치지 않는 범위 내에서 코칭 비용을 서비스, 물품 또는 다른 비금전적인 것으로 상호교환(barter)할 수 있습니다.

부칙

제1조 이 윤리규정은 2012.01.01부터 시행한다.
제2조 이 윤리규정에 언급되지 않은 사항은 한국코치협회 윤리위원회의 내규에 준한다.

윤리규정에 대한 맹세

나는 전문코치로서 (사)한국코치협회 윤리규정을 이해하고 다음의 내용에 준수합니다.

1. 코치는 개인적인 차원뿐 아니라 공공과 사회의 이익을 우선으로 합니다.

2. 코치는 승승의 원칙에 의거하여 개인, 조직, 기관, 단체와 협력합니다.

3. 코치는 지속적인 성장을 위해 학습합니다.

4. 코치는 신의 성실성의 원칙에 의거하여 행동합니다.

만일 내가 (사)한국코치협회의 윤리규정을 위반하였을 경우, (사)한국코치협회가 나에게 그 행동에 대한 책임을 물을 수 있다는 것에 동의하며, (사)한국코치협회 윤리위원회의 심의를 통해 법적인 조치 또는 (사)한국코치협회의 회원자격, 인증코치자격이 취소될 수 있음을 분명히 인지하고 있습니다.

(사)한국코치협회 코칭역량[14]

(1) 윤리실천

① 정의 : (사)한국코치협회에서 규정한 기본윤리, 코칭에 대한 윤리, 직무에 대한 윤리, 고객에 대한 윤리를 준수하고 실천한다.

② 핵심요소

- 기본윤리

- 코칭에 대한 윤리

- 직무에 대한 윤리

- 고객에 대한 윤리

③ 행동지표

- 코치는 기본윤리를 준수하고 실천한다.

- 코치는 코칭에 대한 윤리를 준수하고 실천한다.

- 코치는 직무에 대한 윤리를 준수하고 실천한다.

- 코치는 고객에 대한 윤리를 준수하고 실천한다.

(2) 자기인식

① 정의 : 현재 상황에 대한 민감성을 유지하고 직관 및 성찰과 자기평가를 통해 코치 자신의 존재감을 인식한다.

② 핵심요소

- 상황 민감성 유지

- 직관과 성찰

- 자기 평가

- 존재감 인식

③ 행동지표

- 지금 여기의 생각, 감정, 욕구에 집중한다.

- 생각, 감정, 욕구가 발생하는 배경과 이유를 감각적으로 알아차린다.

- 직관과 성찰을 통해 자신의 생각, 감정, 욕구가 미치는 영향을 인식한다.

- 자신의 특성, 강약점, 가정과 전제, 관점을 평가하고 수용한다.

- 자신의 존재를 인식하고 신뢰한다.

---

14) (사)한국코치협회 홈페이지
   http://www.kcoach.or.kr/bbs/board.php?bo_table=certi_notice&wr_id=883&sca=&page=0

(3) 자기관리

① 정의 : 신체적, 정신적, 정서적 안정 및 개방적, 긍정적, 중립적 태도를 유지하며 언행을 일치시킨다.

② 핵심요소

- 신체적, 정신적, 정서적 안정
- 개방적, 긍정적, 중립적 태도
- 언행일치

③ 행동지표

- 코치는 코칭을 시작하기 전에 신체적, 정신적, 정서적 안정을 유지한다.
- 코치는 다양한 코칭상황에서 침착하게 대처한다.
- 코치는 솔직하고 개방적인 태도를 유지한다.
- 코치는 긍정적인 태도를 유지한다.
- 코치는 고객의 기준과 패턴에 관한 판단을 유보하고 중립적인 태도를 유지한다.
- 코치는 말과 행동을 일치시킨다.

(4) 전문계발

① 정의 : 코칭 합의와 과정 관리 및 성과 관리를 하고 코칭에 필요한 관련 지식, 기술, 태도 등의 전문역량을 계발한다.

② 핵심요소

- 코칭 합의
- 과정 관리
- 성과 관리
- 전문역량 계발

③ 행동지표

- 고객에게 코칭을 제안하고 협의한다.
- 고객과 코칭계약을 하고, 코칭동의와 코칭목표를 합의한다.
- 코칭과정 전체를 관리하고 이해관계자를 포함한 고객과 소통한다.
- 고객과 합의한 코칭주제와 목표에 대한 성과를 관리한다.
- 코칭에 필요한 관련 지식, 기술, 태도 등의 전문역량을 계발한다.

(5) 관계 구축

① 정의 : 고객과의 수평적 파트너십을 기반으로 신뢰감과 안전감을 형성하며 고객의
존재를 인정하고 진솔함과 호기심을 유지한다.

② 핵심요소

- 수평적 파트너십
- 신뢰감과 안전감
- 존재 인정
- 진솔함
- 호기심

③ 행동지표

- 코치는 고객을 수평적인 관계로 인정하며 대한다.
- 고객과 라포를 형성하여 안전한 코칭환경을 유지한다.
- 고객에게 긍정반응, 인정, 칭찬, 지지, 격려 등의 언어를 사용한다.
- 고객의 특성, 정체성, 스타일, 언어와 행동패턴을 알아주고 코칭에 적용한다.
- 코치는 고객에게 자신의 생각, 느낌, 감정, 알지 못함, 취약성 등을 솔직하게 드러
낸다.
- 코치는 고객의 주제와 존재에 대해서 관심과 호기심을 유지한다.

(6) 적극 경청

　① 정의 : 고객이 말한 것과 말하지 않은 것을 맥락적으로 이해하고 반영 및 공감하며,
　　　고객 스스로 자신의 생각, 감정, 욕구, 의도를 표현하도록 돕는다.

　② 핵심요소
　　　- 맥락적 이해
　　　- 반영
　　　- 공감
　　　- 고객의 표현 지원

　③ 행동지표
　　　- 고객이 말한 것과 말하지 않은 것을 맥락적으로 헤아려 듣고 표현한다.
　　　- 눈 맞추기, 고개 끄덕이기, 동작 따라 하기, 어조 높낮이와 속도 맞추기, 추임새 등
　　　　을 하면서 경청한다.
　　　- 고객의 말을 재진술, 요약하거나 직면하도록 돕는다.
　　　- 고객의 생각이나 감정을 이해하며, 이해한 것을 고객에게 표현한다.
　　　- 고객의 의도나 욕구를 이해하며, 이해한 것을 고객에게 표현한다.
　　　- 고객이 자신의 생각, 감정, 의도, 욕구를 표현하도록 돕는다.

(7) 의식 확장

　① 정의 : 질문, 기법 및 도구를 활용하여 고객의 의미 확장과 구체화, 통찰, 관점 전환
　　과 재구성, 가능성 확대를 돕는다.

　② 핵심요소

　　- 질문

　　- 기법과 도구 활용

　　- 의미 확장과 구체화

　　- 통찰

　　- 관점 전환과 재구성

　　- 가능성 확대

　③ 행동지표

　　- 긍정적, 중립적 언어로 개방적 질문을 한다.

　　- 고객의 상황과 특성에 따라 침묵, 은유, 비유 등 다양한 기법과 도구를 활용한다.

　　- 고객의 말에서 의미를 확장하도록 돕는다.

　　- 고객의 말을 구체화하거나 명료화하도록 돕는다.

　　- 고객이 알아차림이나 통찰을 하도록 돕는다.

　　- 고객이 관점을 전환하거나 재구성하도록 돕는다.

　　- 고객의 상황, 경험, 사고, 가치, 욕구, 신념, 정체성 등의 탐색을 통해 가능성 확대를
　　　돕는다.

(8) 성장 지원

① 정의 : 고객의 학습과 통찰을 정체성과 통합하고, 자율성과 책임을 고취한다. 고객
　　의 행동 전환을 지원하고, 실행결과를 피드백하며 변화와 성장을 축하한다.

② 핵심요소

　- 정체성과의 통합 지원

　- 자율성과 책임 고취

　- 행동 전환 지원

　- 피드백

　- 변화와 성장 축하

③ 행동지표

　- 고객의 학습과 통찰을 자신의 가치관 및 정체성과 통합하도록 지원한다.

　- 고객이 행동설계 및 실행을 자율적이고 주도적으로 하도록 고취한다.

　- 고객이 실행계획을 실천할 수 있는 후원환경을 만들도록 지원한다.

　- 고객이 행동전환을 지속하도록 지지하고 격려한다.

　- 고객이 실행한 결과를 성찰하도록 돕고, 차기실행에 반영하도록 지원한다.

　- 고객의 변화와 성장을 축하한다.

과정 정리

배운 점	
느낀 점	
실천할 점	

공동체 세우기 오프라인 장면

대리물로 사용되는 목각제품

테이블 위에서의 다양한 대리물 활용